# DE LA BALANCE

## DU COMMERCE

### ET

DES RELATIONS COMMERCIALES EXTÉRIEURES

## DE LA FRANCE,

DANS TOUTES LES PARTIES DU GLOBE.

## TOME PREMIER.

# DE LA BALANCE DU COMMERCE

ET

## DES RELATIONS COMMERCIALES EXTÉRIEURES DE LA FRANCE,

### DANS TOUTES LES PARTIES DU GLOBE,

PARTICULIÈREMENT

A LA FIN DU RÈGNE DE **LOUIS XIV**,

ET AU MOMENT DE LA RÉVOLUTION;

*Le tout appuyé de Notes et Tables raisonnées authentiques, sur le Commerce et la Navigation, la population, le produit Territorial et de l'Industrie, le prix du Bled, le Numéraire, le Revenu, la Dépense et la Dette publiques de la France, à ces deux époques.*

AVEC LA VALEUR

*De ses Importations et Exportations progressives depuis 1716 jusqu'en 1788 inclusivement.*

PAR M. ARNOULD, Sous-Directeur du Bureau de la Balance du Commerce.

---

Quiconque veut lire l'Histoire en Citoyen et en Philosophe, recherchera, entre autres connoissances, comment et jusqu'à quel point une Nation s'est enrichie depuis un siècle : les Registres des esportations peuvent l'apprendre.

VOLTAIRE : *Remarques sur l'Histoire.*

---

## TOME PREMIER.

A PARIS,

Chez BUISSON, Libr.-Impr., rue Hautefeuille, N°. 20.

1791.

# AVERTISSEMENT.

Un des effets les plus salutaires de la révolution françoise doit être indubitablement de soustraire le corps de la nation à l'avidité d'un grand nombre de ses membres qui dévoroient des parties de la substance du peuple ; de rendre à l'agriculture, à l'industrie et au commerce, des capitaux immenses que la vanité et la cupidité des riches versoient dans le trésor public, afin de pouvoir demeurer dans une orgueilleuse inaction ; de restituer enfin à l'exercice des travaux productifs une pépinière d'hommes, qui, entraînés par l'exemple, dédaignoient les professions utiles.

Dans l'espèce de mépris voué en France, jusqu'au moment de la révolution, à l'exercice du commerce, il n'est pas éton-

nant qu'il y existe peu de bons ouvrages
sur cette partie. Ce genre de littérature
par lui-même n'est pas attrayant ; et les
hommes instruits , et que les talens rendent capables de tout embellir , n'étoient
pas tentés de communiquer leurs lumières
au public dans des livres que cette insou-
ciance presque générale condamnoit à
l'oubli : ajoutons l'obstacle opposé par
l'ancien gouvernement à la publication
de toute sorte de documens rassemblés
dans les archives nationales.

Tout est changé : aujourd'hui ce n'est
pas seulement par goût, c'est par devoir,
c'est par besoin que tous les citoyens doivent accueillir, provoquer même la promulgation des connoissances , soit théoriques , soit pratiques , sur le commerce.

En effet , comment les propriétaires
cultivateurs amélioreront-ils leurs terres,
les fabriquans leurs manufactures , les

capitalistes leurs fonds , et par quels moyens les négocians étendront-ils leurs spéculations, si tous ne sont pas instruits de ce qui reste à faire pour grossir la fortune publique de la France? Comment les administrateurs de toutes les classes seconderont-ils les efforts particuliers? Comment les bons esprits qui étudient les principes, qui recueillent les faits, et qui en déduisent les justes conséquences, dirigeront-ils l'opinion, si personne ne leur présente des documens propres à servir de bases à leurs utiles travaux? Enfin, sur quelles vues générales de bien public porteront les décrets du corps législatif, si le grand livre de la richesse nationale ne demeure pas constamment ouvert et sous les yeux des représentans du peuple françois ?

Un ouvrage sur le commerce qui réuniroit ces differens points d'utilité, sembleroit digne d'un accueil favorable , si dans sa contexture il réunissoit plusieurs autres avantages.

Cet ouvrage doit être instructif, sans être rebutant ; il doit être élémentaire, c'est-à-dire présenter l'enchaînement des principes et des faits commerciaux avec leur application à la situation présente de la France ; il doit offrir un ordre facile à saisir par le grand nombre des lecteurs qu'il importe d'intéresser, si on veut les instruire : mais il ne doit pas pour cela négliger les moyens de procurer aux administrateurs et aux écrivains politiques des élémens et des détails sur la situation actuelle du commerce de la France. Il faut enfin que cet ouvrage, par son caractère d'utilité générale, puisse rallier toutes les parties de l'empire françois, au desir d'améliorer promptement la fortune publique.

Tel est le but que s'est proposé de rem-

plir l'auteur de cet ouvrage. Il en a pris lo
su,.. à l'époque la plus mémorable pour
la nation françoise : LE MOMENT DE LA RÉVO-
LUTION ; il a lié cette époque à un autre
point remarquable de ce siècle : LA FIN
DU RÈGNE DE LOUIS XIV , afin d'avoir à
présenter les effets qui résultent de l'expérience de deux grandes périodes dans
la conduite du commerce françois.

L'objet principal qu'on s'est proposé
se trouve résumé dans ce mot de l'épi-
graphe : « Comment et jusqu'à quel point
» la nation françoise s'est-elle enrichie de-
» puis un siècle ? » Pour rassembler les
élémens de ce problême , la marche de
l'auteur est simple ; il suit, dans la seconde partie de son ouvrage , les produits
de l'agriculture et de l'industrie françoise
dans leurs principaux débouchés en Europe, en Asie , en Afrique et en Amérique.

Ces quatre grandes divisions et celles

qui leur sont subordonnées, par exemple, chaque puissance ou contrée de l'Europe, présentent trois modes d'instruction ; savoir, *la partie historique* du commerce françois, en remontant à des tems antérieurs de quelques siècles à l'instant actuel ; *la partie économique*, ou sa position calculée, tant à la fin du règne de Louis XIV, qu'au moment de la révolution ; enfin *la partie politique*, ou les conséquences qui résultent de l'application des principes commerciaux développés dans la première partie, à la situation passée ou présente de chaque branche principale de l'industrie françoise.

L'auteur n'a pu se dispenser de faire entrer dans la première partie de son ouvrage, des principes un peu arides, mais indispensables à connoître, pour suivre utilement la direction de tous les canaux que parcourt le commerce extérieur de la

France. Il a cherché à diminuer la séche-
resse de la matière , en justifiant l'exactitude de ces principes , et la justesse des
conséquences par le rapprochement d'un
grand nombre de faits essentiels. Les réflexions philosophiques et patriotiques ,
que le sujet lui fournit , sont propres la
plupart à faire ressortir les bienfaits de la
révolution , et à préparer l'adoption d'un
meilleur système pour le bonheur des
peuples , dans l'administration du commerce et dans la répartition des charges
publiques. Par cet accord des principes et
des faits commerciaux , établi dans la première et la seconde partie de l'ouvrage ,
l'auteur est arrivé , dans la troisième , à
la solution du problême , et il y indique
« comment et jusqu'à quel point la nation
» françoise s'est enrichie depuis un siècle?»

Pour rendre complettes toutes les notions sur le commerce extérieur de la

France, il a placé dans le discours préliminaire, d'après les meilleurs écrivains
sur cette matière, une esquisse des différens âges du commerce françois, depuis
le commencement de la monarchie jusqu'au moment de la révolution.

Enfin, la partie fondamentale de cet
ouvrage, celle qui peut être goûtée par les
administrateurs et par les écrivains, en
matières économiques, c'est la quatrième
et dernière. Elle renferme, sous le titre *de
pièces justificatives*, un très-grand nombre
de faits dont l'exactitude est incontestable
sur toutes les parties de la fortune publique (1). Ces faits placés en quelque
sorte à l'écart, ne fatigueront pas l'attention du plus grand nombre de lecteurs,

___

(1) Le plus grand nombre de ces faits ont été puisés
dans un dépôt de connoissances commerciales, créé en
France, dès 1713, sous le titre de Bureau de la Balance du Commerce. Cet établissement a été régénéré
sous le premier ministère de M. Necker, et pour atteindre au plus haut degré de perfection et d'utilité,

et cependant ils pourront devenir le germe de nouveaux travaux, de la part des personnes vouées par goût ou par état à l'étude des matières économiques. En effet toutes ces pièces n'ont pu être envisagées ici que sous le rapport du grand problême à résoudre; mais elles sont susceptibles de mille autres apperçus ou combinaisons.

Quoique le commerce de la nation françoise soit le plus généralement considéré en masse dans le cours de l'ouvrage, cependant, au nombre des *pièces justificatives*, on trouvera des tableaux élémentaires qui présentent, pour chaque section principale ou département de la France, leurs exportations en produits de leur agriculture et de leur industrie pour

---

il a besoin que ses travaux soient fécondés par l'intérêt que doit y prendre la nation. Voyez pièces justificatives, note première : *nécessité des connoissances positives sur les diverses branches de l'économie politique. Motifs d'accorder toute confiance aux renseignemens sur le commerce de la France, recueillis et combinés pour former les bases de cet ouvrage.*

toutes les parties du globe, et au moment de la révolution (1).

L'utilité de cet ouvrage ne doit pas être bornée à l'instant présent, ni à l'époque où l'assemblée nationale organisera le système d'administration générale de la partie du commerce que l'auteur a traitée : mais il peut être dans tous les tems un ouvrage élémentaire et en quelque sorte classique pour tous ceux qui se destineront en France aux affaires ou à l'étude des matières de commerce. En effet, ce sera toujours un point certain de comparaison entre la situation du commere de la France au moment de la révolution dont nous sommes les témoins, et le degré de prospérité où il sera parvenu depuis la constitution.

______

(1) Ces tableaux, notamment ceux numérotés 6, 7, 8 et 9, sont singulièrement propres à servir de premières bases pour repartir la masse générale des contributions foncières entre les principales parties de la France, d'après un mode proportionnel ou relatif à leurs facultés respectives.

# TABLE
## DES SECTIONS
### ET DES CHAPITRES

*Contenus dans ce premier Volume.*

#### INTRODUCTION.


*Objet et division de cet Ouvrage*, page 5.

*Esquisse des différens âges du commerce françois, depuis le cinquième siècle jusqu'au moment de la révolution, pag.* 9 *et suivantes.*

*Vues sur l'utilité de cet Ouvrage*, pag. 47.

# PREMIÈRE PARTIE.

*Des principes reconnus ou controversés, et des notions insuffisamment développées, jusqu'à présent, en matière de Balance du Commerce,*        page 55.

## SECTION PREMIERE.

*Des principes reconnus ou controversés, en matière de Balance du Commerce,*
page                    58.

### CHAPITRE PREMIER.

*Des connoissances politiques comprises, jusqu'à présent, sous le nom de Balance du Commerce,*        page 59.

### CHAPITRE II.

*Des deux méthodes pratiquées pour arriver aux connoissances politiques sur la Balance du Commerce,*        page 83.

## SECTION DEUXIEME.

*Des notions insuffisamment développées, jusqu'à présent, en matière de Balance du Commerce,*        page 100.

# SECONDE PARTIE.

*Exposé des rapports généraux du commerce extérieur de l'Empire François dans toutes les parties du globe, particulière-ment à la fin du règne de Louis XIV, et au moment de la révolution, p. 135.*

## SECTION PREMIERE.

*Commerce en Europe,* page 137.

### CHAPITRE PREMIER.

*Commerce avec l'Espagne,* page 138.

### CHAPITRE II.

*Commerce avec le Portugal,* page 147.

### CHAPITRE III.

*Commerce avec l'Italie, le Piémont, la Savoye et la Suisse,* page 153.

### CHAPITRE IV.

*Commerce avec l'Angleterre, l'Ecosse et l'Irlande,* page 161.

xiv

# Table des Sections

## Chapitre V.

Commerce avec la Hollande, page 184.

## Chapitre VI.

Commerce avec l'Allemagne, les possessions autrichiennes dans cette contrée et en Flandres, la Pologne et les Etats du roi de Prusse, page 195.

## Chapitre VII.

Commerce du Nord qui compreud celui avec les villes anséatiques d'Hambourg, de Bremen, de Lubeck et de Dantzick, ainsi que nos relations avec le Dannemarck, la Suède et la Russie, page 203.

## Chapitre VIII.

Commerce avec les Etats-Unis de l'Amérique, page 217.

## Chapitre IX.

Commerce avec l'Empire Ottoman, et les Nations Barbaresques, page 240.

## CHAPITRE X.


*Résumé du commerce avec les Puissances ou Contrées de l'Europe,* page 261.

## SECTION DEUXIEME.

*Commerce en Asie, soit dans les États de l'Inde, soit en Chine,* page 270.

## SECTION TROISIEME.

*Commerce en Afrique, soit pour la traite des marchandises et des esclaves, soit avec les isles de France et de Bourbon,* page 291

## SECTION QUATRIEME.

*Commerce en Amérique avec les Isles Françoises,* page 311.


Fin de la table du premier Volume.

# REMARQUE.

*On prie le lecteur de se rappeller qu'on doit entendre par les mots importation et exportation.*

IMPORTATION : les marchandises qui viennent en France de tous les pays , soit en général, soit en particulier.

EXPORTATION : les marchandises qui sortent de France pour tous les pays , soit en général , soit en particulier.

DE

# DE LA BALANCE

## DU COMMERCE,

### ET DES RELATIONS COMMERCIALES

#### EXTÉRIEURES DE L'EMPIRE FRANÇOIS.

## INTRODUCTION.

Sɪ c'est un évènement mémorable dans l'histoire des peuples policés, que le réveil politique d'une nation vieillie dans le sommeil de la liberté, ce n'est pas un fait moins précieux pour l'étude de l'esprit humain, que la régénération de la France, à une époque où elle a porté au plus haut degré, la culture des sciences et des arts, soit de luxe, soit de premiers besoins.

La nation françoise va donc reconcilier avec l'austère philosophie, les connoissances humaines, qui forment le

soutien et la consolation de la vie sociale. Elle a prouvé que chez elle le perfectionnement de l'esprit humain, quoique dirigé pendant des siècles sur les
rapports privés de cette société, n'a pris
qu'un développement plus efficace, quand
il s'est agi d'élever l'édifice de sa constitution sur les ruines de cette mazure go-
thique qu'habitoit une poignée d'individus
constitués seuls, L'ETAT, LE GOUVERNE-
MENT, ET LA NATION.

En réfléchissant, en effet, sur les principales causes qui font germer actuellement l'esprit public en France, et en
remontant aux siècles plus éloignés, dans
lesquels le peuple a commencé à détacher quelques anneaux de la chaîne féodale qu'il vient de pulvériser, on remarque
combien le commerce, les arts et les
sciences ont exercé l'esprit du peuple,
et l'ont rendu capable d'apprécier ses
propres facultés.

Depuis long-tems, le peuple françois
avoit apperçu que son intelligence et son
travail formoient la véritable richesse de

l'état ; il avoit senti que les productions du génie ou du talent , étoient des élé-mens plus réels de la puissance d'une nation, que les titres poudreux, en vertu desquels on peut demeurer impunément le fléau de ses concitoyens.

L'esprit de combinaison , en animant toutes les classes industrieuses de la so-ciété françoise, a diminué successivement les effets d'une répartition trop inégale des possessions territoriales de l'Empire. Ces propriétaires suzerains , sous le ré-gime féodal , perpétuellement environ-nés d'esclaves titrés et gardiens de trou-peaux d'hommes abrutis , qui ne deman-doient que leur subsistance , pour prix de leur servitude , sont devenus eux-mêmes tributaires des classes nombreuses, mais indépendantes des citoyens doués d'un esprit laborieux et inventif.

L'Europe connoît déja comment les François, ralliés sous un intérêt commun, ont su prévenir le déshonneur et le dé-sastre d'une troisième banqueroute dans

A 2

le même siècle (1). Que de productions de l'esprit, du talent, ou du génie, eussent été anéanties dans ce nouveau bouleversement des fortunes, bases de la sécurité sociale ! Mais tous les peuples de la terre apprendront un jour comment la nation françoise s'est élevée de l'appréciation de ses facultés intellectuelles à la connoissance de ses droits ; comment elle les a exprimés dans un code destiné à être celui de toutes les nations civilisées : comment sur-tout elle aura persévéré avec gloire dans leur exercice, de manière à être autant le modèle, que le flambeau du genre-humain.

Il existera donc enfin, dans une contrée du globe, un peuple nombreux présidé par un roi citoyen ; peuple actif, ingénieux, devenu ami de la paix et de la raison, se mouvant en liberté dans les vastes combinaisons du travail, et conduisant lui-même toutes les espèces d'in-

---

(1) Chûte du systême de Law. ⸺ Administration Terray. ⸺

dustrie sur un sol étendu , fertile , sous un climat tempéré , au centre des communications , en correspondance avec tous les habitans de la terre! Ce pays.... c'est ma patrie! Quel immense capital ne possède-t-elle pas dans la réunion de tant d'avantages , pour commencer l'exploitation du beau domaine qu'elle doit mettre en valeur?

Ce sera sans doute satisfaire aujourd'hui tous les goûts , et servir tous les intérêts , que d'indiquer la situation des principales sources de la richesse publique , à une époque où la connoissance des faits peut donner plus de certitude aux principes, et en favoriser la libre application. <sup>Objet et division de cet ouvrage.</sup>

Dans l'analyse que j'entreprends des moyens de puissance de l'empire françois, je me suis attaché particulièrement au développement de ses rapports commerciaux extérieurs, parce que c'est l'objet actuel de l'active émulation , et de la bouillante jalousie des nations de l'Europe.

Voici un autre motif également décisif,

qui doit porter à approfondir préférablement cette branche particulière de l'économie politique.

Le commerce extérieur chez les peuples
qui payent annuellement de fortes taxes
en argent, et qui n'ont pas de mines de
ce métal, est le moyen unique et nécessaire de remplacer la masse de leur richesse nominale qui se perd ou par quelques canaux du commerce étranger, ou
de toute autre manière. Il devient donc
essentiel pour l'adoption du meilleur système possible d'impôts, de suivre les
effets de cette accumulation périodique
et progressive des métaux précieux, soit
en la rapprochant des sommes successivement levées sur les peuples depuis un
demi-siècle, soit en comparant la masse
de leurs contributions en argent, avec
la portion plus ou moins grande, que
chaque partie intégrante de l'empire françois, a pu obtenir, chaque année, dans la
*balance du commerce.*

J'ai apporté toute l'application dont je
suis capable, pour développer nettement

toutes les vérités qui m'ont paru ressortir de ces importantes questions. J'ai cherché par - dessus tout , à être exact et intelligible ; mais j'oserai solliciter toute l'attention de mes lecteurs peu familiarisés avec ce genre d'étude. Ils doivent se rappeller ce mot du citoyen de Genève : « Je ne » sçais pas l'art d'être clair, pour qui ne » veut pas être attentif ».

Cet ouvrage sera divisé en quatre parties.

Dans la première , je parcourrai les principes déja connus ou controversés , et les notions insuffisamment développées en matière de *balance du commerce.*

Dans la seconde , j'exposerai les rapports généraux du commerce extérieur de l'empire françois , particulièrement à la fin du règne de Louis XIV, et au moment de la révolution.

Dans la troisième , je déduirai les conséquences majeures qui dérivent de la double connoissance des principes et des faits commerciaux , pour déterminer les différens degrés de richesse où sont arrivés

A 4

par le commerce extérieur , depuis près d'un siècle , les principales sections de la France.

La quatrième partie, qui sert, en quelque sorte,  de base aux trois premières, renfermera sous le titre de pièces justificatives , de notes et de tables raisonnées, un très-grand nombre de faits sur les sources de la richesse publique. Je conseillerai même au lecteur de commencer par se mettre au fait de cette dernière partie , avant d'entreprendre l'examen des autres , attendu qu'il est prudent de s'assurer de la solidité de la charpente, avant de parcourir un édifice élevé par un artiste inconnu.

Il est facile d'appercevoir comment on arrivera plus sûrement à la solution des questions importantes de l'économie politique , par le rapprochement combiné du commerce et de la navigation extérieure, de la population, du produit territorial et de l'industrie, du prix du blé, du numéraire, du revenu, de la dépense et de la dette publiques de la France, à deux époques remarquables et éloignées l'une de l'autre de plus d'un demi-siècle.

Mais pour qu'une semblable série de faits sur la politique intérieure de l'empire, puisse donner une idée plus nette des progrès successifs de la science administrative, il me paroît utile d'en faire procéder le développement, de l'esquisse des différens âges du commerce françois.

Lorsqu'en partant du berceau de l'empire, on arrive au dix-huitième siècle, on est aussi surpris qu'affligé, des obstacles à travers lesquels s'est laborieusement formée l'industrie des peuples. Dans cette longue chaîne d'années et de malheurs, on distingue à peine quelques époques où le génie législateur uni aux vues bienfaisantes du chef de l'état, ayant travaillé efficacement pour le bonheur de l'humanité.

*Esquisse des différens âges du commerce françois.*

L'invasion des Francs fut suivie dans les cinquième, sixième et septième siècles, des conquêtes et des cruautés de Clovis et de ses successeurs ; des ravages d'At-

*Cinquième, sixième, et septième siècles.*

tila , des fureurs jalouses , et des rapines de Brunehault et de Frédégonde ; des pirateries des Danois dans l'océan germanique, et des Goths dans la méditerrannée. Dans ces tems reculés, les arts , les manufactures et les métiers s'exerçoient dans les cloîtres , et le corps du peuple esclave ou serf , travailloit à la terre. Les Grecs, les Syriens et les Juifs , exploitoient le commerce de luxe et de consommation , alimenté par l'excessive disproportion des fortunes. Ils vendoient à la cour les marchandises précieuses D'asie ; ils y introduisirent les étoffes de soie. Ce qu'on raconte des ouvrages riches et curieux de bijouterie et d'orfévrerie, travaillés par saint-Eloi, dépose plutôt de la misère publique , puisque Dagobert par ses ineptes libéralités, enfouissoit dans les églises des richesses qui auroient fructifié dans la main des particuliers. Vers la fin du septième siècle , fut établie la foire Saint-Denis ; et au commencement du huitième siècle , la foire saint-Laurent ; les étrangers y conduisoient presque seuls des marchandises ; les nationaux y paroisoient pour y être vendus par les Juifs, en qualité de serfs. (1)

Charlemagne fut le premier qui suivit un système réfléchi de protection envers le commerce. De son tems, lui, les seigneurs et les personnes riches, se plaisoient aux soins de l'agriculture, et ils établissoient dans l'arrondissement des métairies royales et seigneuriales, des atteliers pour les fabriques, les arts et métiers. Cet empereur ordonna différentes dispositions sur les monnoyes, et entre autres, pour la facilité du commerce, la distinction de la monnoye numéraire ou de compte, de la monnoye réelle. Il entreprit de ramener à l'uniformité les poids et mesures, projet renouvellé sous Philippe-le-Long et Louis XI, et non encore réalisé mille ans après avoir été conçu.

Règne de Charlemagne

––––––––––––––––––––––––––––

(1) Dissertation sur l'état du commerce en France, sous les rois de la première et de la seconde races, par l'abbé Carlier ; ouvrage couronné, en 1752, par l'académie des sciences, belles-lettres et arts d'Amiens.

Charlemagne fit construire un phare près de Boulogne, pour assurer la navigation. Il régla la perception du *Tonlieu* ( droit d'étalage et magasinage des marchandises. ) Il entretint des relations amicales avec le roi de Perse, pour la sûreté du commerce des François. Il protégea les savans étrangers, et particulièrement ceux d'Italie qui vouloient s'établir dans ses états. Enfin, Charlemagne contint les Danois, qui exerçoient la piraterie, sur l'océan Germanique ( 1 ).

**Neuvième, dixième, et onzième siècles.** DEPUIS ce régne jusqu'à la première Croisade, espace qui comprend les neuvième, dixième et onzième siècles, la France fut ravagée par les Maures qui dévastèrent les provinces méridionales, et par les Normands qui saccagèrent une grande partie des provinces occidentales, et pénetrèrent même dans l'intérieur, jusqu'à Paris. Les peuples dans le même

-----

( 1 ) Dissertation sur l'état du commerce en France, sous les rois de la première et de la seconde races, etc.

intervalle, tombèrent sous le joug de l'anarchie féodale. Les routes étoient bordées de *chatelets*, *de hayes* et *de fertés*, devant lesquels les marchands avec leurs voitures ne passoient pas impunément : c'étoit pour eux comme autant de douanes où ils avoient à se liberer de quelques redevances, sans quoi ils auroient risqué d'être pillés. Tant de calamités rendirent impuissantes quelques dispositions prises par les premiers successeurs de Charlemagne, à l'avantage du commerce. A la vérité, Louis le Débonnaire fit d'abord *des loix somptuaires* qui nuisirent à ses progrès, parce que l'excessive disproportion dans le partage des propriétés, ne laissoit à la classe nombreuse du peuple que le luxe des grands et des gens d'église, pour diminuer sa pauvreté, et secouer sa dépendance servile par l'exercice libre des arts, des métiers et du commerce ; mais d'un autre côté, ce même Louis le Débonnaire et Charles le Chauve prescrivirent l'entretien et la réparation des ponts et chaussées, la sûreté des routes et de la navigation. Ils déleguèrent des officiers royaux pour s'opposer aux exactions commises dans les provinces sur la perception du *Tonlieu.* A l'exemple de Charlemagne, ils firent des réglements sur les monnoyes, et prononcèrent des peines contre les faux-monnoyeurs ; ils admirent à s'établir en France sous leur protection, les habitans d'Espagne persécutés par les Maures ; et à l'égard de leurs propres sujets, ils accordèrent à ceux qui s'étoient vendus en qualité de serfs, la faculté de se racheter en remboursant la somme principale et le sixème en sus, à leur maître. Enfin, ils réprimèrent les Pirates qui infestoient la méditerrannée. Tels furent les foibles rayons de sagesse, de justice et d'humanité, qui parurent comme des lueurs au milieu des épaisses ténèbres, dont furent envelopés ces trois siècles d'ignorance, de cruauté et de tyrannie (1).

________________

(1) Dissertation sur l'état du commerce en France, sous les rois de la première et de la seconde races : et

Il falloit une violente commotion pour disperser cette meute de tyrans , et soulever le poids des chaînes qui garottoient le peuple François. Cette commotion salutaire dans ses effets éloignés , agita puissamment l'Europe , étonna l'Asie et retentit en Afrique vers le commencement de l'époque que je vais esquisser, depuis le douzième jusqu'à la fin du quinzième siècle. Les Croisades , en éloignant les grands vassaux de la couronne, facilitèrent le rétablissement de l'autorité royale qui comprit une fois , par intérêt, que dans un gouvernement vraiment monarchique,

La liberté du peuple est la force des rois.

Les premiers affranchissemens se firent par Louis le Gros , qui regnoit dès 1108.

Douzième, treizième , quatorzième et quinzième siècles.

---

mémoire sur l'état du commerce intérieur et extérieur de la France , depuis la première croisade jusqu'au règne de Louis XII , par M. Clicquot de Blervache, inspecteur général du commerce; ouvrage couronné, en 1789 , par l'académie des inscriptions et belles-lettres de Paris.

Le corps de la nation obtint les moyens d'acquérir, sous certaines conditions, des propriétés territoriales, ce qui affoiblit insensiblement l'énorme disproportion entre ces propriétés. Les Croisades ouvrirent à l'Europe de fréquentes communications avec l'Asie et l'Afrique; et en découvrant aux François et aux Européens industrieux, de nouvelles sources de richesses; elles fortifièrent leur indépendance et assurèrent par leur propre avantage, le goût des peuples pour la liberté. Elles amenèrent les premiers établissemens d'une marine Françoise. Louis IX fit creuser un port à Aigues-Mortes, et un autre à St.-Gilles, les seuls que possédassent alors les François sur la méditerrannée; il en fit l'entrepôt du commerce du Levant, y entretint une marine, et créa un officier avec le titre d'amiral.

D'un autre côté, les Croisades anéantirent pendant deux siècles des générations entières de François et autres Européens, soit par les émigrations, soit par tous les fléaux qui signalèrent la guerre sainte;

sainte ; elles occasionnèrent un écoulement considérable de numéraire , l'ame
du commerce : mais un mal plus funeste
qu'elles propagèrent , ce sont les fureurs
religieuses exercées pendant cinquante
ans , contre les Albigeois dans les provinces méridionales de la France, renou-
vellées depuis par tout l'Empire dans les
journées de Saint-Barthelemi, alimentées
par l'édit de Nantes et les Dragonades,
et couvant encore dans les sections du
Midi , au moment de la régénération du
peuple François. Cette époque fut encore
fameuse par la guerre longue et cruelle
de la France contre l'Angleterre ; par les
règnes malheureux de Charles VI et de
Charles VII, par les intrigues d'Isabelle
de Bavière, et par les rivalités sanglantes
des deux factions de Bourgogne et d'Or-
léans : calamités qui furent à de grandes
distances , tempérées par la prudence de
Charles V et la bonté de Louis XII.

Cependant il existoit, dès le douzième
siècle , un mouvement régénérateur de
l'industrie françoise. Les six foires consi-

dérables de la Champagne, particulièrement celle de Troyes, en créant un commerce d'économie, d'entrepôt, et de transit, firent fructifier l'agriculture dans les
provinces intérieures de la France, et
rentrer, dans la circulation, une partie
des matières d'or et d'argent exportées,
soit par les croisades, soit par le commerce
d'Asie. Ces heureux commencemens furent contrariés par la tyrannie féodale,
qui, expirante, commettoit encore des
excès. Des chatelains-brigands, descen-
doient de leurs donjons pour dépouiller
les voyageurs. L'évêque de Soissons, ministre d'une religion de charité, de frater-
nité, ou d'égalité, échangeoit alors cinq
serfs, ( trois hommes et deux femmes ),
contre un beau cheval sur lequel *mon-
seigneur* devoit faire son entrée dans sa
ville épiscopale. D'ailleurs, la servitude
de la *glèbe* avoit généralement succédé à
l'esclavage personnel; desorte que l'industrie, et l'activité de l'homme, se trouvoient
toujours circonscrites dans ses rapports
avec la terre, source de toute richesse.

Les principes du commerce commencèrent, enfin, à sortir du cahos, mais seulement à quelques égards ; Louis IX donna
les premiers statuts aux arts et métiers ;
statuts qui eurent des effets utiles par
rapport à la police, mais nuisibles quant
à l'industrie. Philippe-le-Bel et Philippe-le-
Long , défendirent successivement la
sortie des laines , comme matières propres
aux fabriques. Le premier , par l'appât
du gain , sans doute , imposa de forts
droits à l'exportation des draps , et eut
plus d'un imitateur dans le dangereux
exemple qu'il donna à ses successeurs , de
dépouiller les peuples, par le travail des
monnoies. De son tems, les toiles de La-
val, de Lille , de Cambray , étoient déja en
réputation. Ce n'étoit pas , vraisemblablement , un article considérable de commerce ; car le linge étoit encore un objet
de luxe. Les étoffes de laine d'Amiens ,
de Beauvais , de Reims et d'Arras , et les
tapisseries de cette ville, étoient dès lors,
également renommées ; mais on ne con-
noissoit pas, même dans le quinzième

siècle, la filature et le tissage du coton. Les soies étoient aussi très-peu connues, et se donnoient encore comme métaux précieux, pour rachat et rançon. La distillation de l'eau-de-vie ne fut découverte qu'au commencement du quatorzième siècle.

Quant au commerce maritime, les guerres de religion, et celles en Italie, des comtes de Provence de la maison d'Anjou, portèrent celui de Marseille à Montpellier. *Jacques Cœur*, exemple mémorable de la noirceur des cours, de l'ingratitude des rois, et du rare mérite que peut acquérir un commerçant, forma de Montpellier l'entrepôt françois des marchandises du Levant et de l'Orient. Les bretons et les normands, fondèrent, au quatorzième siècle, des comptoirs en Afrique, pour la traite des marchandises, jusques dans l'intérieur de cette contrée. Les pêcheries étoient foiblement exploitées, à l'exception de celles du hareng, déja florissante sous Louis XI. Les peuples, fatigués de la résistance opposée en terre ferme, au développement de leur industrie, cherchèrent de nouveaux succès, sur un élément qui leur parut moins redoutable qu'un gouvernement perpétuellement véxateur. Un françois, fuyant les malheurs de sa patrie, sous la démence de Charles VI, fit la conquête des isles Canaries, au commencement du quinzième siècle. Les villes maritimes de Bordeaux, de la Rochelle, de Bayonne et de Marseille, s'associèrent à la hanse teutonique, fondée dans le Nord, pour la sûreté de la navigation. Les juifs, agens nés du commerce, jouets continuels de la haine des peuples et de l'avarice des rois, forcés, par leur état précaire, à exercer leur génie mercantile, signalèrent leur fuite de France par l'établissement successif des lettres de change et des assurances. Enfin, la découverte de la boussole, l'invention du papier et de l'imprimerie, semblèrent autant d'instrumens offerts à l'esprit humain, pour parcourir, avec plus de succès, le cercle immense, de rapports commerciaux que préparoient aux européens, à la fin du quinzième siècle, les découvertes du *Cap de Bonne-Espérance et de l'Amérique* ( 1 ).

Seizième, et partie du dix-septième siècles jusqu'au règne de Louis XIV

LES françois ne prirent pas, d'abord, une part active aux conquêtes des européens, dans ces contrées éloignées. Pendant le seizième siècle, et le commencement du dix-huitième, ils furent tourmentés par leurs fréquentes et malheureuses tentatives sur le royaume de Naples; fatale chimère qui alluma des guerres, aussi longues que désastreuses, et envenima les rivalités entre la maison de France et la maison d'Autriche. Les françois furent encore les jouets de l'ambition des Guises, du génie malfaisant de

_______________

(1) Mémoire sur l'état du commerce intérieur et extérieur de la France, depuis la première croisade jusqu'au règne de Louis XII. Abrégé chronologique de l'histoire de France par le président Hénault.

Le premier de ces ouvrages, *Mémoire sur l'état, etc.* abonde en recherches aussi curieuses qu'instructives. Il est semé de réflexions judicieuses dont je me suis souvent servi.

Catherine de Médécis, de l'imbécillité et des vices de ses trois fils ; enfin, les grands vendirent les intérêts de leur pays et se laissèrent corrompre par l'or de l'Espagne. Tant de passions réunies, soufflèrent pendant près d'un siècle, le fanatisme, la guerre civile, et la discorde par tout l'empire. Henri IV et Sully n'eurent le tems que de cicatriser, et non pas de faire disparoître d'aussi profondes plaies ; car les italiens, sous une autre Médicis, renouvellèrent bientôt toutes les calamités, en partageant les rapines des traitans. La rebellion des princes, la révolte des grands seigneurs du parti protestant, occupèrent le gouvernement et agitèrent la France. Enfin, Richelieu dompta l'hydre féodale prête à renaître, en même-tems qu'il maîtrisa l'orgueil de la maison d'Autriche, deux fléaux qui menaçoient perpétuellement l'empire françois.

Au commencement de cette époque, de près de cent cinquante années, le commerce national se traîna à l'entrée des routes frayées, par les autres peuples, plutôt qu'il ne les suivit. Les principes sembloient être entièrement méconnus. La prodigalité de François I. lui suggéra, comme une ressource pécuniaire, l'impôt à l'importation des matières qui sont l'aliment des fabriques nationales. François II établit des commissaires pour vendre des passe-ports à la sortie des vins et des grains. Le gouvernement ordonna, à-peu-près dans le même tems, d'arracher une partie des vignes de la Guyenne; et, Henry III déclara publiquement *que la permission de travailler étoit un droit royal et domanial :* en conséquence, il taxa les maîtres, artisans, négocians, apprentifs. Détestable pensée, sans doute, que celle qui privoit 12 millions de françois, n'ayant aucune propriété foncière, du droit de vivre de son travail sans permission !

Le commerce maritime obtenoit constamment plus de faveurs. Les pêcheries de la baleines, de la morue et du hareng, commencèrent à devenir importantes. La France obtenoit des capitulations favorables dans l'empire Ottoman, tandis que d'heureux et hardis navigateurs prenoient possession du Canada. Enfin, parurent deux législateurs, amis de l'agriculture. Henri IV et Sully favorisèrent l'exportation des grains, diminuèrent les impositions des campagnes, et entreprirent de les améliorer, en facilitant le transport des denrées, par des canaux. Après onze siècles d'existence de l'empire françois, le canal de Briare fut enfin, la première entreprise de ce genre, mise en exécution. Les moyens de communication pour le commerce, furent étendues par l'établissement des postes et messageries dans tout le royaume; mais les péages continuèrent d'obstruer la navigation intérieure: cet obstacle, à l'active circulation des denrées, subsiste encore aujourd'hui, malgré les tentatives faites successivement sous Charlemagne, Louis IX, Louis XIV, et Louis XVI, pour leur entière suppression.

Henry IV enrichit les provinces méridionales, de la culture du mûrier, et de la récolte de la soye. On rapporte qu'il

sacrifia un million à ces établissemens ;
son vif intérêt, pour cette production,
peut être excusé, quand on sait qu'on
estimoit à cette époque, à 20 millions,
la somme annuelle des importations, des
étoffes d'Italie de pure soie enrichie
d'or et d'argent.

Sous Louis XIII, le commerce intérieur fut absolument négligé ; et l'on
voit qu'aux états de 1614, et à l'assemblée des notables de 1626, les peuples y
adressèrent des réclamations contre toute
sorte de vexations. Le commerce maritime étoit lui-même anéanti par les pirateries exercées sur les côtes de France:
le gouvernement fut réduit à acheter
sept vaisseaux en Hollande, pour en
purger la Méditerranée ; il n'existoit
pas vingt navires en mer à trois cens
lieues des côtes. Richelieu eut à la vérité
la surintendance de la navigation et du
commerce ; mais ces succès se bornèrent
à protéger quelques nouveaux établissemens à Saint-Christophe et à l'Isle de la
Tortue, berceau de la Colonie Françoise

de Saint-Domingue ; et à créer quelques compagnies privilégiées pour l'Amérique et le Levant , tandis qu'il déclaroit les pêcheries libres à tous les françois. Enfin, vers la fin de son règne , Louis XIII restitua par un édit , différentes facilités bien tardives , au commerce , dans l'espérance , dit-il , que la vente des blés, des vins et des eaux-de-vie soulageroit le peuple travaillé d'ailleurs par plusieurs opérations très - récentes sur les monnoyes. ( 1 )

Dans cette période , les connoissances théoriques sur le commerce essayèrent de se faire jour dans le conseil des Rois. Il fut établi en 1607 , et en 1626 , successivement, des comités ou bureaux de commerce. Ils échouèrent parce qu'ils ne furent composés que de gens de robe. Pour diriger utilement l'industrie d'une

_______________

(1) Mémoires de Sully. — Recherches et considérations sur les finances de France , depuis l'année 1695 jusqu'à l'année 1721. — Et abrégé chronologique de l'histoire de France par le président Hénault.

nation, il faut allier au patriotisme du citoyen, les vues du politique, et l'expérience du négociant.

Règne de Louis XIV.

VOILA tout ce qu'il a été possible de recueillir des renseignemens sur l'industrie françoise pendant les douze premiers siécles depuis la fondation de l'empire. Il me reste à tracer le même tableau de la suite du dix-septieme siecle, et d'une partie du dix-huitieme ; deux dernieres époques où il importe encore plus particuliérement d'observer quels événemens et quelles dispositions ont le plus influé sur la fortune publique ?

*Vers le milieu du dix-septieme siecle,* *Louis XIV* encore enfant, étoit monté sur le théâtre de la monarchie françoise,, d'où il ne devoit descendre qu'après soixante - treize ans de réprésentation. Les dispositions les plus opposées furent commandées par ce monarque pour le développement de la prospérité publique.

Protecteur superbe, plutôt que sincere ami des arts, il les pensionna sous Colbert. Il accorda quelques soulagemens à l'agriculture par la diminution des tailles (1) , par la liberté donnée accidentellement au commerce des grains (2), par quelques mesures sur le nourrissage des bestiaux (3). Il encouragea les manufactures , en accordant des gratifications aux fabricans étrangers qui s'établirent en France (4); mais cependant il emprisonna l'industrie dans un labyrinthe de reglemens (5); et retint captive la fabrique *des bas au métier* , qui ne fut déclarée libre dans toute la France , qu'un siecle après y avoir été connue (6). Il

---

( 1 ) Année 1661.

( 2 ) Sous Colbert, par permissions particulières , et par la loi générale , en 1686 et 1687.

(3) Année 1664. Défense de saisir plus du cinquième des bestiaux donnés à *cheptel* ( à loyer). Année 1701. Défense d'en saisir aucune partie pendant 6 ans.

(4) Année 1664. Les Wanrobais apportèrent les manufactures des draps de Hollande à Abbeville, etc.

(5) Année 1667 et 1669. Réglemens généraux sur les manufactures et fabriques , remplis de préceptes sur la fabrication.

(6) La fabrique de bonneterie au métier, fut éta-

facilita les communications par la confection du canal de Languedoc, (1) et
par la réforme des tarifs à la traite des
marchandises ( 2 ); il établit des ports
francs ou trois vastes entrepôts de marchandises au nord, à l'occident et au midi
de la France (3) ; il salaria des compagnies privilégiées pour fonder, s'il étoit
possible, un commerce maritime (4).

D'un autre côté , il devasta deux fois,

---

blie au château de Madrid en 1664 , permise dans
dix-huit villes en 1700 , et rendue libre dans toute la
France , en 1754.

( 1 ) Achevé en 1684.

( 2 ) Année 1664. Suppression et réunion d'une
multitude infinie de droits particuliers dans un seul
tarif.

(3) Franchise de Dunkerque. Réglement de novembre 1662 , et février 1700. Franchise de Marseille. Réglement de mars 1669 , et juillet 1703 et
1707. Franchise de Bayonne. Réglement de septembre 1702.

(4) Sous le règne de Louis XIV, vingt compagnies
privilégiées obtinrent , soit des récompenses pécuniaires , soit des encouragemens par des immunités
ou des concessions de tout genre, pour commercer en
Europe, en Asie, en Afrique et en Amérique.

par le fer et par le feu, les campagnes
de ses voisins d'Allemagne ( 1 ) : le sé-
jour , le passage , et les incursions des
troupes nationales et de celles des ennemis ruinérent les cultivateurs de nos
provinces frontieres ( 2 ); il entreprit
d'anéantir le peuple Hollandois, le plus
laborieux de la terre ( 3 ); il persécuta les
étrangers industrieux qu'il avoit attirés à
force de récompenses ( 4 ); il les força de
s'enfuir, ainsi que les citoyens françois
qui n'invoquoient pas Dieu à sa maniere
( 5 ); enfin , il attira sur la France la
haîne de toute l'Europe ( 6 ).

---

( 1 ) Le Palatinat dévasté en 1675 , et incendié
en 1689.

( 2 ) Louis XIV ordonne que les créanciers de ces
Provinces frontières ne pourront répéter que la
moitié des arrérages dûs depuis le commencement de
la guerre jusqu'en 1661 , et que cette seconde moitié
sera payée en deux termes, de trois ans en trois ans.

( 3 ) Invasion de la Hollande en 1672.

( 4 ) Dragonades , 1684 et 1685.

( 5 ) Révocation de l'édit de Nantes , octobre
1685.

( 6 ) Ligue d'Ausbourg en 1688.

Louis XIV fut témoin , pendant vingt années , des malheurs de son royaume, désolé par la famine ( 1 ), les inondations (2), la mortalité des bestiaux (3), une guerre de vingt-deux ans (4), et par l'impéritie de quelques successeurs de Colbert , principalement dans le travail des monnoyes (5). Pour soutenir le poids de tant de désastres , il obtint de l'ancien corps Parlementaire , la *Capitation* ( 6 ), *les sous pour livres* ( 7 ), *le dixieme* ( 8 ). Nouvelles usurpations sur la fortune du peuple , qui ont eu une grande influence sur les affaires publiques du dix-huitieme siécle !

─────────────────────────

( 1 ) Année 1709.

( 2 ) Année 1709.

( 3 ) Année 1715.

( 4 ) Guerre contre toute l'Europe , liguée à Ausbourg en 1688, et terminée par la paix de Riswick en 1697. Guerre de la succession espagnole en 1701 , terminée par la paix d'Utrecht en 1713.

( 5 ) Refonte partielle ou totale des monnoies , en 1700 , 1703 , 1704 , 1706 , 1707 , 1709 et 1713.

( 6 ) Année 1695.

( 7 ) Année 1705.

( 8 ) Année 1710.

Ce

Ce Prince conquit cependant un trône brillant pour sa famille ; acquit un commerce lucratif aux François ; fonda une marine, et réunit à la monarchie, trois grandes provinces, indépendamment du Hainaut et du Roussillon. Seize cent mille habitans vinrent avec leurs possessions, remplacer les citoyens qui furent les victimes de tant de persécutions et de calamités. Enfin , Louis XIV mourut après un règne de 73 ans , dont 45 de guerre , et après avoir dépensé 24 milliards de notre monnoye actuelle (1), laissé 4 milliards et demi de dettes , et n'avoir fait grandement fructifier que les 6 lieues de rayons qui circonscrivoient sa cour.

Dans quelle situation se trouvoit donc en France, à cette époque, l'agriculture, l'industrie et le commerce en général, considérés dans nos rapports extérieurs ? Tel est un des principaux objets de cet ouvrage.

_______________

(1) Mémoires pour servir à l'histoire générale des finances de France.

<br>

*Tome I.*                                        C

Le sentiment de tant de maux , le besoin de réparer tant d'erreurs , avoient dans ces derniers temps , excité l'émulation de plusieurs bons citoyens , qui avoient deviné quelques principes de la science administrative. Vauban, Boisguilbert , l'abbé de Saint-Pierre , le comte de Boulainvilliers , furent les précurseurs et les modèles des écrivains françois en économie politique.

Le gouvernement même sembloit alors vouloir créer la science des faits politiques. Pour en être le dépôt , l'organe et l'interprete , par rapport au commerce , il créa au commencement de ce siecle les *chambres de commerce* , les *députés de commerce* , et un *conseil permanent du commerce* : presque dans le même tems , il établit six *intendans* ou agens des affaires générales *du commerce* du royaume. L'auteur du détail de la France en faisant imprimer son ouvrage en 1696 (1) , avoit sonné l'allarme sur la di-

_______________

(1) Première édition en 1 volume *in*-12 ( 1696 ). Seconde édition , 2 volumes *in*-12 ( 1707 ).

minution de la fortune publique. L'année suivante, le roi fit adresser des observations aux intendans des provinces, pour les guider dans la rédaction d'un mémoire sur l'état actuel de la population, de l'agriculture, du commerce et des finances de leurs généralités. La collection de tous ces mémoires étoit destinée à servir à l'instruction du duc de Bourgogne.

Il se préparoit vers cette époque, un autre dépôt important de connoissances économiques : l'auteur du dictionnaire du commerce publié pour la premiere fois en 1723, recueilloit, depuis plusieurs années, tous les détails qu'il pouvoit se procurer sur les différentes branches du commerce françois. Ces monumens historiques réunis aux tableaux des importations et des exportations de la France, rassemblés dans un bureau de la balance du commerce établi en 1713 (1), forment

––––––––––––––––––

(1) Voyez pièces justificatives ; note première : motifs d'accorder toute confiance aux renseignemens sur le

un faisceau de lumieres suffisantes pour établir la situation du commerce extérieur de la France à la fin du règne de Louis XIV, et apprécier ensuite quels progrès il a faits pendant les 73 années, du dix-huitieme siecle, qui se sont écoulées depuis, jusqu'au moment de la révolution.

Depuis la mortdeLouis XIVjusqu'au moment dela révolution.

DANS cette dernière époque, les nations se sont moins livrées à la fureur de la guerre : la France eut 46 années de paix. Je ne sais quels faux intérêts de domination et de commerce ensanglantèrent encore pendant 27 ans, la scène du monde.

Le royaume eut à lutter contre d'autres fléaux également destructeurs. La peste dépeuploit nos provinces méridionales (1), tandis qu'un jeu effréné dispersoit, par toute la France, les fortunes des citoyens, dans les tourbillons du

commerce de la nation françoise, recueillis et combinés, pour former les bases de cet ouvrage.

(1) Peste de Marseille en 1720.

système. Cette illusion dissipée, l'activité dont on se trouvoit animé, devint profitable, en se tournant vers les sources les plus réelles de la prospérité publique. Le commerce des isles à sucre, et celui de Guinée, prirent des accroissemens sensibles (1). La culture du café y fut favorisée par la consommation, permise en France, en dépit du monopole réclamé par la compagnie asiatique (2). Toutes les marchandises des manufactures nationales furent affranchies des barrières fiscales, pour se rendre dans les marchés européens (3). Dupleix faisoit, dans le même tems, en Asie, la fortune passagère des actionnaires de la compagnie des Indes (4).

---

(1) Effets, en grande partie, des réglemens de 1716 sur la liberté du commerce de Guinée; et de ceux de 1717 et de 1727, sur le commerce des isles françoises de l'Amérique.

(2) Déclaration du 29 mai 1736.

(3) Réglemens des 13 et 15 octobre 1743.

(4) Les services de Dupleix lui méritèrent le gouvernement général des établissemens françois à Pondichéri en 1742. (Siècle de Louis XV).

C 3

L'importance attachée à des richesses que la nation alloit chercher au bout du monde, tandis qu'en 15 ans, elle avoit éprouvé, sur son sol, deux disettes de subsistance (1); les faveurs accordées par le gouvernement, à l'industrie des villes, trop exclusivement à celle des campagnes, et d'autres dispositions furent reprochés au gouvernement par quelques esprits réfléchis, dont la solide bienfaisance se portoit vers le point où se trouve plus d'heureux à satisfaire. Les Quesnay, les Mirabeau père, se déclarèrent les apôtres de l'industrie des campagnes, et les économistes naquirent vers le milieu du dix-huitième siècle, à-peu-près dans le tems que la philosophie élevoit un vaste édifice aux connoissances humaines.

Cette circonstance est d'autant plus à remarquer que l'esprit humain acquit alors un mouvement plus rapide vers le perfectionnement de la société. On vit paroître le premier ouvrage où le déve-

---

(1) Disettes de 1725 et de 1740.

loppement des principes se trouve fortifié par une masse imposante des faits sur les finances et le commerce, pendant un espace de 126 ans (1). Bientôt, Raynal calcule et pese dans les balances de la philosophie et de la politique, les crimes, les succès et les fautes des européens dans leur établissemens et leur commerce aux deux Indes. Necker, au milieu des contradicteurs de la gloire de Colbert, son éloge à la main, s'avance vers le timon des finances; il en débrouille le cahos dans sa retraite : trois fois il se trouve porté sur les vagues de la faveur populaire, qui le plongent enfin dans l'abyme d'où il a tiré les premiers élémens de la liberté françoise.

Qu'importent les erreurs ou les ridicules reprochés aux économistes? Ce n'est pas de leurs opinions, mais de leur in-

_______________

(1) Recherches et considérations sur les finances de France, depuis l'année 1595 jusqu'à l'année 1721, ouvrage de M. Forbonnais, composé en 1754, et publié en 1758.

C 4

fluence sur la prospérité publique, dont il s'agit ici.

La libre circulation des grains de province à province, et leur exportation à l'étranger, furent permises dès 1763 et 1764; suspendues en 1770, et rétablies en 1775, sous Turgot, dont le nom seul est un éloge. L'agriculture, principe de tout commerce, eut enfin un conseil public, dans l'établissement de la société, créée à Paris, en 1761; c'est plus de 150 ans après la première création d'assemblées uniquement destinées aux affaires du commerce, qui, cependant en France, doit être la conséquence d'une florissante agriculture. Des immunités furent accordées aux défrichemens des landes, et aux desséchemens des marais (1). Ces dernières dispositions furent accompagnées de l'abolition des droits de minage et de mesurage, sur les grains et farines (2). La discussion d'un tarif unique pour les traites, avoit été

_______________

(1) Édit de 1764, et réglemens de 1766 et 1775.
(2) Année 1775,

sérieusement et publiquement reprise (1).
Un privilége exclusif, presque seul rejet-
ton de tant d'autres créés sous Louis XIV,
fut aboli, et le commerce de l'Inde devint
libre ( 2 ). La consommation des toiles
peintes, admise dans le royaume, fit
germer une nouvelle branche d'industrie
dans nos manufactures (3).

Postérieurement, les vins, les eaux-de-
vie, les sels, obtinrent des modérations
de droits, propres à en favoriser la vente,
chez les consommateurs étrangers (6)(4)
Des primes furent prodiguées pour encourager la traite des noirs, le commerce
du Nord, les pêcheries françoises, et les
rafineries nationales (4). Tous les ports
(5)

---

(1) Journal de commerce du mois d'octobre 1761.

(2) Août 1769.

(3) Réglemens des mois de septembre et octobre
1759, et juillet 1760.

(4) Réglemens. Vins, mois de novembre 1785,
septembre 1786, et février 1788 : eau-de-vie, juillet
1784, et novembre 1785 : sels, juin 1783, novembre
1785, avril 1786, octobre 1788.

(5) Traite des Noirs, octobre 1784 ; commerce du

de France furent ouverts au commerce des colonies; et malgré les allarmes des négocians des villes maritimes, sur l'admission des navires étrangers, dans certains ports d'entrepôts des isles françoises, les produits de leur agriculture affluèrent avec plus d'abondance sur les côtes de la métropole : les approvisionnemens des européens, en France, éprouvèrent la même progression ; et enfin, les marchandises patrimoniales ou étrangères, continuèrent à être exportées de nos ports pour les colonies, dans la même proportion qu'avant la loi du 30 août 1784.

Mais, d'un autre côté, le nourrissage des bestiaux, base d'une bonne agriculture, fut anéanti par la création d'un droit à la fabrication des cuirs (1), et par une épizootie destructive de l'espèce (2) :

———————————————————————

Nord, septembre 1784; pêcheries françoises, 10 et 25 septembre 1785, et 11 février 1787 ; raffineries de sucre, mai 1786.

(1) Août 1759.

(2) Année 1774.

le rétablissement de la compagnie des Indes (1), reproduisit le monopole et la prohibition des toiles peintes, et toiles de coton blanches (2). Nous espérions hériter du commerce anglois, dans les états-unis de l'Amérique, pour prix du sang françois sacrifié à leur indépendance; mais la patrie devoit en retirer de plus signalés avantages :.........l'amour de la liberté! Quant au commerce des Anglo-américains, la Grande-Bretagne, en le conservant, contre notre attente, est encore parvenue, en vertu d'un traité public, à ruiner, par sa concurrence, nos manufactures.

Je passe sous silence toutes les dispositions, aussitôt abandonnées, que promulguées, ou qui n'ont influé que foiblement ou partiellement sur la prospérité de la nation françoise. Tels sont l'abolition des corvées, sous Turgot, l'établissement de quelques administrations pro-

_______________

(1) Avril 1785.
(2) Juillet 1785.

vinciales , la suppression du droit de
main-morte et de servitude , dans les
domaines du roi , le rétablissement du
port de Vendre, en Roussillon , les travaux
maritimes de Cherbourg , le traité très-
peu fructueux avec la Russie etc. etc.
Mais je n'obmettrai pas de faire entrer
dans la balance des avantages obtenus,
depuis la mort de Louis XIV, jusqu'au
moment de la révolution , l'acquisition
de la Lorraine ; j'y joindrois même la
Corse, si son commerce n'étoit presque
nul avec la France (1), tandis que sa
possession lui coûte annuellement 250
mille livres , au-delà des contributions du
peuple corse (2). Un avantage également
équivoque, pour le tems que je parcours,
c'est la confection de ces routes, encore
plus magnifiques qu'utiles , percées d'un
bout de l'empire à l'autre , mais cimen-

_____________

( 1 ) Pièces justificatives, note première , page 132.
Il y est question des espérances à concevoir sur le
commerce futur entre la France et la Corse.

( 2 ) De l'administration des finances de France ,
tome premier.

tées des sueurs d'un million de cultivateurs.

Enfin le gouvernement françois, pendant le cours de ces 73 ans, a perdu
le Canada et la Louisiane; il a dépensé
26 milliards (1), monnoie actuelle, outre
les bénéfices de l'agiotage des grains, le
fruit des banqueroutes partielles, et, indépendamment d'une dette publique de
4 milliards, 125 millions, au moment de
la révolution (2).

Cette dernière esquisse amène naturellement une autre question. Au milieu

---

(1) Pièces justificatives; carte générale, N°. 14,
lettre B.

(2) Suivant l'état de la dette publique, imprimé
au nom du comité des finances de l'assemblée nationale, au mois d'août 1790, le montant de cette dette
devoit être en capitaux, au premier janvier 1791, de
4 milliards 241 millions 767 mille livres; mais comme
dans l'objet de cet ouvrage, mes recherches s'arrêtent
généralement à l'année 1789, époque de la liberté
françoise, cette circonstance donne lieu à plusieurs
déductions dans le chapitre de la dette publique, qui
amènent un résultat, pour le moment de la révolution, d'environ 4 milliards 125 millions. Pièces justificatives, note quatrième, et tableaux comparatifs,
N°. 15, lettre D.

de tant d'événemens, et d'un si grand nombre de dispositions réglementaires, « comment, et jusqu'à quel point la nation françoise s'est-elle enrichie dans « ce siècle ». Telle est, en effet, la tâche pénible que je me suis imposée de remplir. Tous les faits recueillis dans la quatriéme partie de cet ouvrage n'y ont pas reçu cependant leur application. Il étoit bien au-dessus de mes forces d'embrasser tous les rameaux de la science des calculs politiques.

Mon objet d'ailleurs est moins de faire goûter mes propres réflexions, que de fournir de bons instrumens à quelque grand artiste, ou à ces hommes publics qu'un vrai talent aura élevé au gouvernement, sous le régime de la liberté. En effet, combien sont foibles les essais d'un seul individu, pour perfectionner la science adiministrative ! Ce qui doit influer sensiblement sur ses progrès, c'est de livrer à la discussion des élémens utiles, autour desquels viennent se heurter et se combiner mille et mille pensées, qui augmentent le mouvement et la vie du corps politique.

Lorsque les convulsions du despotisme expirant seront calmées ; lorsque le patriotisme n'aura plus à combattre d'ennemis dangereux de la liberté ; sans doute alors l'étude des rapports sociaux, succédera à ces luttes effrenées qui s'acharnent exclusivement aujourd'hui sur les personnes. On s'appercevra à cette époque si désirable, de toute notre pénurie dans la collection des faits qui intéressent l'amélioration de la fortune publique.

Il faut l'avouer ; on feuillete envain les livres qui ont paru en France sur l'économie politique : on n'en trouve aucun qui présente le développement complet des faits sur le commerce extérieur de la France. Un grand nombre d'auteurs se sont exercés sur les principes de l'administration du commerce, d'autres ont tracé des leçons de pratique pour les négocians ; quelques-uns ont travaillé avec sagacité des discussions académiques

sur l'état de notre ancien commerce (1).
L'auteur des recherches et considérations
sur les finances de France , n'a traité cette
partie que comme accessoire , et quoiqu'il
présente des détails infiniment précieux ,
dont j'ai fait grand usage, l'ordre chronologique auquel il s'est astreint pour les
matières de finances, divise la chaîne des
faits commerciaux , qui d'ailleurs ne s'é-
tend pas dans son ouvrage au·delà de
l'année 1720.

L'histoire philosophique et politique
du commerce des Européens dans les
deux Indes , offre un plan vaste qui n'a
eu aucun modèle , et qui ne souffre pas
d'imitateurs ; mais il n'entroit pas dans
l'exécution de ce plan de parler du commerce de l'empire françois, avec les puissances Européennes , et les tableaux qui

---

(1) Dissertation sur l'état du commerce en France,
sous les rois de la première et de la seconde race ;
et mémoire sur l'état du commerce intérieur et extérieur de la France , depuis la première croisade
jusqu'au règne de Louis XII.

sont

sont annexés à cet ouvrage, se rapportent uniquement aux importations des Colonies dans les ports de la métropole pendent l'année 1775, époque déja éloignée de quatorze ans, de celle de la révolution. Quant aux exportations de France pour ces mêmes Colonies, elles sont absolument passées sous silence. C'est une preuve bien frappante de notre stérilité en documens politiques ; car je suis certain que l'immortel auteur a fait toutes les démarches nécessaires pour obtenir ces lumières, des livres du fermier des douanes. Ses regrets et ses observations ont contribué beaucoup à faire adopter sous M. Necker, un nouveau plan propre à perfectionner les travaux de la balance du commerce.

Combien les Anglois, les Hollandois, les Italiens mêmes, sont éloignés de la stérilité de notre littérature en matières économiques ! Mais aussi le secret dans la promulgation des renseignemens qui peuvent éclairer, n'étoit-il pas chez ces peuples, comme en France, un des moyens dont on s'étoit servi jusqu'à présent, pour éviter toute critique raisonnée des opérations souvent contradictoires , toujours versatiles , et quelquefois même absurdes, de l'ancienne administration ( 1 ).

---

( 1 ) N'est-il pas bien extraordinaire , par exemple , que les tableaux de la balance du commerce de la France , soient connus en Angleterre , publiés dans les journaux, cités même comme des pièces authentiques , dans le parlement de la Grande-Bretagne ; tandis qu'ici on a fait, jusqu'à présent, mystère à la nation françoise , des moindres notions sur les faits généraux et particuliers de son commerce dans toutes les parties du globe ? Voyez le journal politique de Bruxelles , à la suite du mercure de France , année, 1788 , numéro 5 , page 21 , *nouvelles de Londres*. On y transcrit un fragment EXACT de la balance du commerce de France , en ce qui concerne l'importation des laines dans le royaume, venant des différentes puissances ou contrées étrangères. Ce fragment, annonce-t-on , est tiré des annales de l'agriculture , par *M. Arthur Young*, à l'occasion du bill sollicité par les manufacturiers , contre l'exportation des laines d'Angleterre. Non-seulement ce résultat a été cité , pendant le cours de la discussion, dans le parlement ; mais encore M. Arthur Young y a été interrogé sur ces mêmes faits. Voyez le N°. 20 du même journal de Bruxelles , page 111.

Ajoutons, pour second exemple, entre mille autres,

Aujourd'hui, que chaque citoyen est conseiller-né des intérêts de sa patrie, aujourd'hui que le talent seul ouvre la carrière de l'homme public, le dépôt des connoissances positives sur tous nos rapports sociaux, ne doit-il pas être accessible à quiconque veut consulter les archives nationales, pour s'aider de l'expérience des faits dans ses combinaisons politiques? Ne seroit-ce pas un crime de *lèze-civisme* que de mettre *la lumière sous le boisseau*, au moment où les fanaux doivent briller de toutes parts, pour garantir le vaisseau de la patrie, des écueils

---

de l'inconséquence de notre ancienne administration, qu'elle faisoit imprimer aux frais publics, les tableaux de la balance du commerce de la Grande-Bretagne, tandis qu'elle condamnoit au plus profond oubli, ceux de la France; comme s'il étoit moins important d'étudier notre position commerciale, que de connoître celle de nos voisins! Voyez: *Commerce de la Grande-Bretagne, et tableaux de ses importations et exportations progressives depuis l'année 1697 jusqu'à la fin de l'année 1773, par le chevalier Charles Whitworth, membre du parlement.* Paris, de l'IMPRIMERIE ROYALE (1777).

D 2

vers lesquels il pourroit être jetté par des pilotes inexpérimentés?

Tant de biens à espérer m'ont soutenu dans mes laborieuses recherches. Puissent-elles servir un jour de matériaux à quelque grand écrivain, pour buriner dans l'histoire du peuple François, d'abord la situation de sa richesse publique, au moment de la révolution , et développer ensuite les progrès qu'elle aura obtenus depuis l'établissement de sa constitution

De semblables tableaux feront l'éloge le plus complet de la liberté. Ils offriront bientôt les heureux effets des dispositions de l'assemblée nationale, pour affranchir les propriétés foncières de toutes les servitudes féodales; pour diviser les domaines agricoles , et les confier à l'intérêt d'un plus grand nombre de citoyens cultivateurs; *pour balayer les immondices fiscales* (1), qui obstruoient la circulation intérieure de l'empire; pour affranchir l'a-

_______________

(1) Mot ingénieux et expressif d'un député de l'assemblée nationale.

griculture et les manufactures de l'inquisition bursale ; pour briser toutes les chaînes qui tenoient garottée l'industrie Françoise ; enfin, pour appeller tous les citoyens indistinctement, chacun suivant sa capacité, au gouvernement de la chose publique.

Ce double tableau de la richesse de la France, à deux époques bien distinctes par la nature et l'importance des événemens, produira dans l'ame de tous ceux qui le consulteront, le sentiment de la reconnoissance la plus vive pour les fondateurs de tant d'institutions bienfaisantes, et ils voueront à l'exécration des siècles, tout homme qui entreprendroit de s'opposer à l'établissement de la liberté chez une nation qui, en réunissant tant de moyens de prospérité, doit avoir tant d'influence sur le bonheur futur du genrehumain.

Les peuples modernes de l'Europe sont trop étroitement liés d'intérêts, pourque chacun séparément, ne reçoive pas une impulsion plus ou moins sensible de l'amélioration de la fortune publique en France. Quelles seront alors leurs réfléxions sur cet ordre de choses si nouveau dans les fastes des empires ? Ces peuples, quelques esclaves qu'on les suppose, graviront sans cesse, et à l'envi, vers cette liberté qui aura élevé, au plus haut dégré, la gloire et la prospérité de la nation françoise.

# DE LA BALANCE DU COMMERCE.

## PREMIERE PARTIE.

*Des principes reconnus ou controversés; et des notions insuffisamment dévelop-pées, en matière* DE BALANCE DU COMMERCE.

L'ESPRIT humain s'est exercé long-tems sur des chimères, avant de cultiver les sciences, de la manière la plus utile au progrès et au bonheur de la société. Les allégories de la fable, ont précédé les faits mieux constatés par l'histoire; les pratiques de l'astrologie se sont mêlées à l'étude des connoissances astronomiques; la recherche de la *quadrature du cercle*, a étendu la sphère de la géométrie; la mé-chanique a obtenu d'importantes décou-

vertes, à la poursuite du *mouvement per-*
*pétuel* ; les tentatives faites dans tous les
siècles pour trouver *la pierre philosophale,*
ont amené successivement la chymie à ce
dégré d'utilité, auquel les modernes sont
parvenus.

Les sciences de la politique et de l'économie politique , ont eu aussi leurs heureuses chimères : on connoît la république de Platon , et la paix perpetuelle re-
nouvellée des Grecs (1). Enfin, on a fondé
quelque-tems la prospérité des nations,
sur ce qu'on appelle, *la balance du com-*
*merce.*

Qu'est-ce donc que la *balance du com-*
*merce ?* Je vais essayer d'en donner des
idées exactes , sous deux sections ou divisions principales.

La première section comprendra les

---

(1) Le projet d'une paix perpétuelle proposé de
nos jours par l'abbé de *St.-Pierre* , avoit été conçu
par Xénophon. Voyez le projet de finances de cet
écrivain grec , chapitre 17 , page 3o8 de la traduction françoise de M. *Dumas* , professeur d'éloquence
au collège royal de Toulouse.

principes reconnus ou controversés sur la *balance du commerce*.

La seconde section sera destinée à développer de nouvelles notions sur la *balance du commerce*.

# SECTION PREMIERE.

*Des principes reconnus ou controversés, en matière* de Balance du Commerce.

Tout ce qui a été écrit de plus intéressant sur cet objet, peut trouver place dans deux chapitres. Le premier renfermera le développement de toutes les connoissances politiques comprises jusqu'à présent sous le nom *balance du commerce*; le second traitera des deux méthodes pratiquées pour arriver à ces connoissances.

# CHAPITRE PREMIER.

*Des connoissances politiques comprises,
jusqu'à présent, sous le nom de* Balance
du Commerce.

LE mot *balance du commerce* a pré-
senté jusqu'à présent l'idée de connoissances politiques applicables au commerce
extérieur des nations. Ce mot ayant été
connu avant que les matières économiques
eussent été approfondies, il a eu dans son
origine, une acception aussi vague et
aussi bornée que son objet. Mais à mesure que les écrivains politiques ont porté
un plus grand jour sur l'étude des véritables sources de la prospérité publique,
le mot *balance du commerce* s'est pour
ainsi dire aggrandi, et sa signification a
été étendue à un plus grand nombre

d'aperçus sur le commerce extérieur, dont on vouloit déduire quelques principes généraux.

En analysant les principaux ouvrages françois ou anglois, qui traitent de la *balance du commerce*, j'ai constaté que ce mot pouvoit être entendu sous plusieurs acceptions absolument distinctes.

1°. Suivant la signification qu'on lui a donnée à sa naissance, il a exprimé le résultat du compte des achats ou *des importations*, des ventes *ou des exportations* faites annuellement, entre deux nations, de manière que celle de ces nations qui avoit un excédent de valeurs à payer à l'autre, pour égaliser la somme des marchandises livrées respectivement, devoit *la balance du commerce*, et que l'autre nation à qui on comptoit cet excédent de valeurs, recevoit *la balance du commerce*.

On estime, par exemple au moment de la révolution, que la valeur des achats

ou *des importations* d'Espagne en France,
ne monte qu'à la somme
de . . . . . . . . 33 millions (1).
Tandis que la somme
des ventes ou *des expor-*
*tations* faites de la France
pour l'Espagne, s'élève à 44 millions (2).

La différence ou
l'excédent de valeurs
des *exportations* de la
France sur les impor-
tations de l'Espagne,
étant de . . . . . 11 millions.

Cette somme de onze millions est, suivant la première signification du mot,
une *balance du commerce* à recevoir par
la France, et à payer par l'Espagne.

---

(1) Pièces justificatives, Tableau, numéro premier,
lettre C.

(2) *Idem.* Tableau, numéro premier, lettre D.

*Nota.* On se borne dans la citation des calculs précédens et de ceux qui suivront dans le cours de cet
ouvrage, à indiquer des *sommes rondes*, pour ne
pas fatiguer l'attention par des fractions qui n'ajoutent
point à la justesse des conséquences.

Ce résultat d'un compte de commerce de nation à nation, s'appelle encore *balance particulière* FAVORABLE, lorsque, comme à l'égard de l'Espagne, c'est la France qui reçoit l'excédent de valeurs; et *balance particulière* DÉFAVORABLE, si la France se trouve comme aujourd'hui, à l'égard de l'Angleterre, obligée de payer cet excédent. Il reçoit encore en langage économique, la dénomination *du solde*.

Le rapprochement et la comparaison de tous les soldes, ou des *balances particulières* favorables ou défavorables d'une nation, vis-à-vis chaque nation, forme en définitif une *balance générale* favorable ou défavorable. En continuant de prendre la France pour exemple, la somme des balances favorables, étant au moment de la révolution de 103 millions (1), et le montant des balances défavorables ne se trouvant que de 47 millions (2), *la balance générale favorable,*

(1) Pièces justificatives, Tableau numéro premier, lettre E.

(2) *Idem.* Tableau numéro premier, lettre F.

ou le solde définitif à recevoir par la France, de toutes les puissances étrangères, se monte à 56 millions, par le résulsat ou comparaison de toutes les balances particulières.

L'objet de cette connoissance, suivant les écrivains qui ont les premiers fait valoir son importance (1), consiste à trouver les mesures propres à augmenter la masse d'or et d'argent chez une nation, pour favoriser de plus en plus, par l'accumulation des capitaux, les entreprises de commerce, qui amènent les moyens de travail et de subsistance pour le peuple.

Les principales conséquences de cette doctrine, tendoient à favoriser le commerce extérieur, préférablement au commerce intérieur, et à encourager particuliérement le commerce avec celles des nations étrangères, qui payoient annuel-

_______________

(1) Essai politique sur le commerce, par *Melon*. — Réflexions politiques sur les finances et le commerce, par *Dutott*. — Examen des réflexions politiques sur les finances et le commerce, par *Duverney*. — Elémens du commerce.

lement à la France *un solde* ou *balance en argent*. Par exemple, le commerce avec l'Espagne qui procure des matières d'argent, devoit être essentiellement encouragé; et le commerce avec l'Angleterre étoit naturellement dans le cas d'éprouver des prohibitions, par la crainte de voir la France obligée de payer à la nation Britannique, *un solde* ou balance en argent,

Suivant le même système, il falloit beaucoup vendre aux étrangers, et leur acheter peu, afin d'attirer une plus grande masse d'argent dans les canaux de la circulation intérieure de l'empire. Les moyens indiqués par les partisans de cette doctrine, consistoient à prohiber la sortie des espèces monnoyées, afin de ne pas appauvrir le pays où elles circuloient; à accorder des primes à la sortie des marchandises du sol et de l'industrie de ce même pays, pour qu'il pût vendre davantage à l'extérieur; et enfin, à mettre de forts droits à l'entrée de plusieurs marchandises étrangères de même espèce que

celles

celles nationales, pour diminuer les achats qu'il auroit pu faire chez ses voisins.

Ces principes étoient géné alement adoptés, lorsque les économistes et d'autres philosophes entreprirent de les ruiner.

Hume (1) observe que « la plupart « des nations ont eu la plus grande frayeur « sur la sortie des espèces d'or et d'ar- « gent; mais que cette frayeur paroît « dans tous les cas chimérique, et sans « aucune espèce de fondement; qu'il est « sussi impossible qu'un royaume peu- « plé et industrieux se trouve sans espèces, « qu'il l'est de voir tarir les sources, les « ruisseaux et les rivières ».

Les économistes ajoutèrent : (2) « on « ne conçoit pas comment la politique « peut s'occuper sérieusement des moyens « d'augmenter chez une nation la masse

---

(1) Essai sur le commerce, le luxe, l'argent, l'intérêt de l'argent, les impôts, le crédit public, et la balance du commerce.

(2) Ordre naturel et essentiel des sociétés, par *M. de la Rivière.*

*Tome I.* E

« de l'argent. On conçoit bien moins
« encore qu'elle puisse se proposer d'ob-
« tenir cette augmentation par l'enchaî-
« nement de la liberté de son commerce.
« L'accroissement annuel de cette masse
« d'argent dans chaque nation commer-
« çante, est un effet naturel et nécessaire
« de cette liberté, et ce n'est que par cette
« liberté qu'il peut s'opérer ».

Ils développèrent également, tous les effets que produiroit chez une nation, cette accumulation successive et sans bornes des métaux. Ils annoncèrent particuliérement la diminution dans les produits territoriaux, qui ne seroient plus enlevés par des consommateurs étrangers dépouillés par la cupidité d'un peuple trop avidement commerçant. Ils firent encore remarquer le renchérissement des prix que produiroit cette abondance excessive de l'or et de l'argent, chez une nation.

« La nécessité, dit un autre écrivain (1),

_______________

(1) Discussions et développemens sur quelques-

d'avoir des capitaux, ou avances, pour l'agriculture, pour la construction des bâtimens, pour l'exploitation et l'amélioration des terres, pour l'établissement des manufactures profitables, n'éxige pas les avantages d'une *balance en argent*, parce que les avances nécessaires pour tirer le plus grand produit possible du territoire, ne dépendent pas de la quantité de pécule. Les capitaux, dit-il dans un autre ouvrage (1), se forment et s'accroissent d'une manière bien plus utile, par la multiplication des bestiaux pour l'agriculture; par la conservation des forêts; par la bonne direction des eaux; par l'augmentation des usines, des atteliers, des bâtimens nécessaires, des machines et des matières premières, dans

unes des notions de l'économie politique, pour servir de seconde partie au recueil intitulé *Physiocratie*, par *M. Dupont.*

(1 Lettres à la chambre du commerce de Normandie, sur le mémoire qu'elle a publié relativement au traité de commerce avec l'Angleterre; note seconde : principes sur le change, par *M. Dupont.*

E 2

les manufactures ; enfin, par l'accumulation des productions et des marchandises fabriquées, qui se préparent et se conservent chaque année, pour l'approvisionnement et la consommation des années suivantes, en raison des spéculations auxquelles la fourniture de la nation et celle de l'étranger peuvent donner lieu ».

Toutes ces notions ont été encore plus complètement développées par le docteur Smith (1) ; mais un autre écrivain a prouvé, de plus, qu'il étoit impossible que l'Angleterre et la France, retinssent annuellement le solde, ou la *balance en argent*, qui sembloit leur appartenir, par le résultat, ou l'excédent de valeur de leur exportation, chez les autres nations. Voici comme il s'exprime (2) : « Il faut annuellement, disent les préjugés des deux nations

_______________

(1) Voyez les chapitres I et II du livre 4 des Recherches sur la nature et les causes de la richesse des nations. Edition d'Yverdun. 1781.

(2) Considérations sur quelques parties du méchanisme des sociétés, par M. le marquis *de Casaux*.

françoise et britanique, plus de sept millions sterlings (1) pour leurs deux terribles balances ; or, il n'en vient qu'environ six de l'Amérique (2). Si l'on veut permettre à l'Espagne et au Portugal d'en retenir seulement la sixième partie, ( en vérité ! cela seroit bien juste ), le reste de l'Europe doit s'arranger pour trouver les deux millions sterlings, qui, sans cette cottisation, manqueroient visiblement à l'Angleterre et à la France ». Ce n'est pas tout ; non-seulement le reste de l'Europe n'a pas diminué la masse de son numéraire pour nourrir les deux fortes balances de la France et de l'Angleterre ; mais encore, ainsi que l'observe le même écrivain, « les autres nations de l'Europe, pour lesquelles il ne reste rien à partager, n'en ont pas moins augmenté leur masse d'argent, de tout ce qui étoit nécessaire pour l'entretien de leur luxe, et la

_______________

(1) 168 millions tournois, à raison de 24 livres sterlings chaque.

(2) 144 millions tournois.

E 3

circulation intérieure d'un revenu qui a généralement doublé depuis un siècle ».

Il n'en falloit pas tant, sans doute, pour détruire l'illusion, à la faveur de laquelle les premiers écrivains, en économie politique, avoient persuadé que c'étoit un avantage absolu que d'obtenir, dans tous les genres de commerce, avec les autres nations, la *balance en argent*. Ce mot est devenu insignifiant dans le sens rétréci qu'ils lui donnoient. La doctrine, qui consiste à placer tout l'avantage du commerce extérieur d'un peuple, dans l'accumulation des matières d'or et d'argent, a été reconnue évidemment fausse et même dangereuse ; si l'on considère que les conséquences, tirées de cette doctrine, pouvoient fixer l'attention du gouvernement, et le détourner des véritables sources de la prospérité publique.

Cette chimère de *balance en argent*, à la recherche de laquelle on s'étoit appliqué, donna occasion de mieux développper le sens du mot *balance du commerce*; et les écrivains politiques y attachèrent, successivement plusieurs significations, qui supposent des apperçus plus positifs sur les différens rapports qui constituent le commerce extérieur d'une nation.

« 2°. *La balance du commerce* est un moyen d'exprimer, figurativement, la richesse d'une nation agricole ( 1 ). La quantité d'argent qu'on voit chez elle , qui sans cesse se renouvelle, est toujours proportionnée à la quantité et à la valeur vénale de ses productions, en un mot, au montant des ventes qu'elle est en état de faire aux autres nations. Ainsi, lorsqu'on sait qu'en 1716 (2) le montant des ventes de l'empire françois, aux nations européennes , s'élevoit à une somme d'argent figurée par 105 millions , valeur actuelle, et qu'on voit qu'en 1787 (3), cette valeur est de 424 millions, on pourroit conclure que le produit annuel de la richesse fon-

_______________________________________

( 1 ) Ordre naturel et essentiel des sociétés.

( 2 ) Pièces justificatives : tableau , numéro premier , lettre B.

( 3 ) *Idem.* Tableau, numéro premier , lettre D.

E 4

cière de la France, destiné pour les consommateurs étrangers, a augmenté, en 72 ans, dans la proportion d'un à quatre, si l'universalité de ses exportations, à l'une et à l'autre époque, étoit uniquement, ce qui n'est pas, le produit de son territoire. Mais en réunissant à cet apperçu sur les valeurs, la dénomination des marchandises qui composent le commerce extérieur d'exportation, alors, *la balance du commerce* donneroit les moyens d'apprécier la situation stationnaire, progressive ou rétrograde de la branche importante de la fortune publique, qui consiste dans les ventes extérieures, en produits territoriaux ou de l'industrie de la France, séparément de ses exportations en denrées de ses colonies, et en marchandises d'origine étrangère.

« 3°. *La balance du commerce* peut être un signe indicatif du nombre d'hommes employés respectivement dans les échanges entre deux nations ( 1 ) ». Supposons

--------

( 1 ) Observations économiques sur divers points du

qu'un des rapports du commerce extérieur
de la France indique une valeur de 100
mille onces d'argent, ou 675 mille livres
tournois, en vins de champagne, échan-
gée contre 100 mille onces d'argent en
dentelles de Bruxelles : on pourroit prouver, par le calcul, qu'un arpent de terre
qui produit 150 livres pesant de lin, réuni
au travail annuel de 2000 brabançons,
aura payé, aux françois, l'emploi de 16
mille arpens, et que ces derniers auront
d'ailleurs occupé un moindre nombred'individus (1).

4º. *La balance du commerce* (2) « est
le profit *net* fait par une nation sur l'autre, lorsque la totalité des retours faits
chez la première, soit en argent, soit en
marchandises, vaut plus dans le marché
général, que ne valoit la totalité des

---

système de l'auteur du tableau économique, attri-
buées à M. *Forbonnais.*

(1) Essai sur la nature du commerce en général,
par M. *Cantillhon.*

(2) Prospectus d'un nouveau dictionnaire du commerce, par M. l'abbé *Morellet.*

choses qu'elle avoit vendues. Ce profit, peut être fait par une nation dans la vente de ses productions territoriales, par celle de ses ouvrages d'industrie, par le service même de voituriers, soit par mer, soit par terre, enfin par celui de simple commissionnaire, parce que dans toutes ces diverses espèces de commerce, exercées avec une nation étrangère ou pour elle, la valeur des choses ou du travail donnée par la première, peut être moindre au marché général que la valeur des choses ou du travail qu'elle reçoit, et qu'en ce cas, elle acquiert une valeur qui s'ajoute à la masse de ses richesses, qui accroît ses capitaux ».

5°. *La balance du commerce* (1) « est « l'analyse des différentes circonstances

---

(1) Commerce de la Grande Bretagne, et tableaux de ses importations et exportations progressives, depuis l'année 1697 jusqu'à la fin de l'année 1773, par le chevalier *Charles Whitworth*, membre du parlement ; ouvrage traduit de l'Anglois. De l'Imprimérie Royale. 1777.

« qui constituent le commerce extérieur
« entre deux nations ou celui d'une seule
« comparée à toutes les nations en gé-
« néral. Lorsqu'on veut trouver la balance
« du commerce d'un peuple, on doit
« prendre en considération ces différentes
« circonstances. Le commerce qui con-
« siste dans l'exportation des manufac-
« tures du produit d'un pays est extrême-
« ment avantageux, *la balance de l'indus-*
« *trie* étant entiérement en faveur de ce
« pays. Si les retours pour cette exporta-
« tion consistent en importations de ma-
« tieres brutes pour être manufacturées,
« ce commerce devient doublement avan-
« tageux. On ne doit pas regarder comme
« désavantageux un commerce qui échan-
« ge des manufactures pour des manu-
« factures, ou des denrées pour des den-
« rées. L'échange de denrées pour des
« denrées, deviendroit encore plus avan-
« tageux, si celles qu'on importe étoient
« réexportées. Un pareil échange est à
« désirer sous un double point-de-vue. Il
« sert à procurer un capital pour l'achat

« d'autres productions ou denrées de
« premiere nécessité ; il crée un fonds
« pour entretenir un corps de matelots
« et une école pour les former, et il paye
« en même tems la dépense de l'augmen-
« tation de la marine marchande. »

6°. *La balance du commerce* (1), est
le profit *réel* « que fait sur le change une
« nation créanciere sur une nation débi-
« trice, en remettant aux négocians de
« la débitrice un engagement de la valeur
« de 96 onces d'argent, en échange d'un
« de ses propres engagemens de la va-
« leur de 100 onces ». Dans cette hypothèse, c'est un bénéfice de quatre pour
cent en faveur de la nation créanciere.
Afin d'apprécier l'importance de ce profit
dans un commerce de quelque étendue,
prenons pour exemple la situation actuelle de celui entre la France et l'An-

––––––

(1) Principes sur le change ; note quatrième de la
lettre à la chambre du commerce de Normandie sur
le mémoire qu'elle a publié relativement au traité de
commerce avec l'Angleterre.

gleterre. Au moment de la révolution,
l'Angleterre est créanciere de la France
de la somme de 63 millions (1), et la
France est créanciere de l'Angleterre,
seulement de celle de 37 millions (2);
la France est donc définitivement débitrice de l'Angleterre de la somme de
26 millions. Dans cet état, *le change* (3)
sera naturellement contre la France qui
a besoin de faire passer beaucoup plus
d'argent en Angleterre, que celle-ci n'est
obligée d'en faire passer en France pour
solder les engagemens des négocians
anglois dans ce dernier pays. Si la perte
du change est de quatre pour cent, pour
la France, l'Angleterre obtiendra un
profit de 14 cent 80 mille livres sur la
remise des 37 millions de valeur qui lui

---

( 1 ) Pièces justificatives ; tableau, numéro premier,
lettré C.

( 2 ) *Idem.* Tableau, numéro premier, lettre D.

( 3 ) La théorie du *change*, ou de *l'échange*, que
font les négocians de deux pays de leurs créances respectives, sera développée complettement dans le
chapitre second.

ont été fournies en marchandises par la France, c'est-à-dire que la Grande-Bretagne ne rendra aux négocians françois que 35 millions 520 mille livres de leurs engagemens en Angleterre, en retirant la totalité des 37 millions montant des engagemens des négocians anglois en France : donc les négocians françois perdront les 14 cent 80 mille livres, qui complettoient la valeur des 37 millions en marchandises qu'ils ont livrées véritablement à l'Angleterre.

7°. *La balance du commerce* consiste dans l'examen comparé de l'avantage plus ou moins considérable que procurent à deux nations leurs exportations respectives. « Par avantage ou gain, dit le docteur Smith ( 1 ), j'entends non l'augmentation de la quantité d'or et d'argent, mais celle de la valeur échangeable du produit annuel des terres et du travail du pays, en l'accroissement du

______________

( 1 ) Recherches sur la nature et les causes de la richesse des nations, chap. I et II du livre 4.

revenu annuel de ses habitans. Si la balance ( de valeurs ) est égale , et si le
commerce entre deux places consiste entiérement dans l'échange des marchandises du pays , non-seulement elles y
gagneront toutes les deux; mais la plupart du temps , elles y gagneront également , ou peu s'en faudra. Dans ce cas,
chacune d'elles fournit un marché , pour
une partie du produit surabondant de
l'autre , qui a été distribué parmi ses habitans , et qui a donné à un certain
nombre d'entre-eux un revenu et la
subsistance. »

« Si leur commerce est tel que l'une
n'exporte rien à l'autre, qui ne soit de
son cru, tandis que les retours de l'autre,
ne se feront qu'en marchandises étrangères ; dans ce cas , la balance ( de valeurs ) seroit supposé encore égale, parce
que les marchandises seroient payées
avec les marchandises ; elles y gagneroient
aussi toutes deux : mais elles n'y gagneroient pas dans la même proportion , et
les habitans du pays qui n'exporteroit

que des marchandises de son cru , seroient ceux qui tireroient le plus grand
revenu de ce commerce ». Par exemple,
l'échange pour des valeurs égales des vins
de France , contre les étoffes de soie et
les toiles de coton que les Danois rapportent des Indes Orientales , présente une
hypothèse qui réunit ces différens dégrés
d'avantage dans le commerce extérieur
entre deux nations ; avantage infiniment supérieur pour la France qui
vend les produits de son territoire , que
pour le Dannemarck qui ne livre que
des marchandises de l'industrie asiatique.

QUE conclure de tout ce qui précède ?
que la théorie de *la balance du commerce*
a été jusqu'à présent , l'art d'analyser,
de comparer et d'apprécier les rapports
qui lient la fortune publique d'une nation avec toutes les parties de son commerce extérieur ; que cet art consiste
également dans la connoissance nominale et numérale des marchandises ache-
tées et vendues , consommées ou réexportées ;

tées ; dans le rapprochement combiné de toutes les circonstances qui précèdent, qui accompagnent, et qui suivent l'exploitation de toutes les branches du commerce extérieur.

Qu'importe, dira-t-on peut être, une semblable étude, lorsque l'on sera convenu de toute la justesse de cette maxime : « *Ne pas gouverner en matiere d'industrie et de commerce, et laisser les choses suivre leur pente naturelle?* Je ne répondrai pas avec un moderne : *Peu de boussole en mer, et laisser aller le vaisseau au gré des vents !* Mais je dirai : en supposant l'existence de cette liberté d'une maniere assez absolue, pour que les intérêts privés se meuvent, se croisent et se heurtent sans se rallier au point central de l'intéret public, il seroit encore indispensable pour le progrès de la science administrative, de suivre la direction de ces canaux qui coulent jusqu'aux bornes de l'empire, pour faire refluer dans l'intérieur, de nouvelles sources de la richesse publique. Est-ce dans l'espoir de

*Tome I.*                                        F

régler le mouvement et le cours des astres
que l'homme s'est livré à l'étude de
l'astronomie ? Croyoit-il pouvoir changer
la marche de la nature, lorsqu'il cher-
choit à surprendre quelques-unes de ses
Loix ? L'homme, dans le monde physique, ne vouloit-il pas s'appliquer quelques-unes de ces savantes découvertes
pour en fortifier sa foiblesse ? Pourquoi
donc négligeroit-il dans le monde social,
de rassembler des élémens capables de
l'éclairer sur ses intérêts, et sur les nouveaux moyens de prospérité successivement cultivés, abandonnés ou réexploi-
tés par les membres de la grande famille
(1)?

_______________

(1) Voyez au surplus, pièces justificatives, note première : motifs d'accorder toute confiance aux renseignemens sur le commerce de la nation françoise,
recueillis et combinés pour former les bases de cet
ouvrage.

# CHAPITRE SECOND.

*Des deux méthodes pratiquées pour arriver aux connoissances politiques sur la balance du commerce.*

Les écrivains politiques qui se sont le plus exercés à la poursuite de ce fantome de prospérité publique, la *balance en argent* du commerce extérieur, ont été partagés de sentimens sur les deux moyens les plus efficaces pour s'assurer de la possession ou de la privation de cette *balance en argent*, *l'ultimatum de la politique mercantile.*

Suivant les uns, on devoit la découvrir uniquement dans le tableau du cours momentané ou habituel *du change.*

Suivant d'autres, son existence se manifestoit par le dépouillement des registres des douanes frontières de l'empire.

Plusieurs, enfin, recommandoient les deux méthodes comme devant se fortifier mutuellement, dans la recherche du véritable résultat de chaque branche du commerce extérieur d'une nation.

Je vais présenter les différentes raisons opposées, en continuant de rapporter littéralement et par extrait, ce qui a été dit de mieux par les écrivains politiques.

Je commence par la définition du *change.*

« *Le change* n'est autre chose que *l'échange* que font les négocians de deux pays, de leurs créances respectives (1).

« Les titres de créance d'un pays sur l'autre, sont devenus une espèce de marchandises plus ou moins recherchée, selon le besoin ; et les conditions de *l'échange* ou du CHANGE ont été variables, comme celles de toute autre convention, en raison de la diversité de l'intérêt des contractans, et de leur empressement plus ou moins grand. Il y a eu un cours du *change.*

_______________________________

(1) Principes sur le change ; note quatrième de la lettre à la chambre du commerce de Normandie, sur le mémoire qu'elle a publié relativement au traité de commerce avec l'Angleterre.

« Lorsque les sommes à retirer d'un des deux pays par l'autre , se sont trouvées égales à celles qu'il avoit lui-même à solder , la demande des titres de créance d'un pays sur l'autre , a été égale à l'offre ; *et l'avantage de l'échange* étant *pareil* , on a dit que le CHANGE étoit AU PAIR.

« Ce pair s'est ordinairement exprimé en argent ; parce que ce métal , susceptible d'un dégré d'affinage déterminé , n'étant pas corruptible , pouvant être soumis à des divisions régulières par le poids , et ayant un grand nombre d'usages , est devenu une marchandise d'un débit général et propre à servir *de gage durable* , lorsque l'on n'a pu terminer à l'instant les échanges des autres marchandises ; de sorte que par toutes ces raisons , on s'est accoutumé à exprimer en argent les valeurs de toutes les choses commerçables.

« Ainsi , dire que le change est au PAIR , c'est dire qu'un homme , auquel il est dû un certain nombre d'onces d'argent fin , dans un des pays entre lesquels le change est établi , peut en échangeant sa créance ,

se procurer dans l'autre pays le même
nombre d'onces d'argent également fin ;
et que de part et d'autre , chacun des
*changeurs* ou échangeurs se charge des
petits frais de correspondances qui peuvent être nécessaires.

« Lorsqu'au contraire il est arrivé
qu'une des nations a eu plus de créances
à exiger sur l'autre qu'elle n'étoit obligée
d'en acquitter , *le change* n'a pas pu être
au *pair* ; car il y a eu à la bourse ou au
marché de ce genre de commerce , plus
de propositions ou d'offres de titres de
créances sur le pays debiteur, et moins
sur le pays créancier.

« Dans ce cas , les titres de créance
sur le pays débiteur se sont avilis ; on
les a offerts à perte. Ceux sur le pays
créancier ont enchéri ; on n'a pu s'en procurer sans donner un bénéfice au posses-
seur.

« Ainsi, dans les échanges de créance ,
on a été obligé de convenir que pour
opérer un payement égal , il faudroit
donner une somme plus forte en titres

de créance sur la nation débitrice, une somme moins forte sur la nation créancière.

« La débitrice en acquittant ses engagemens échangés, n'a donc pas été libérée de leur valeur entière : il a fallu qu'elle donnât en sus une *prime* ou un *appoint*.

« La créancière au contraire a éprouvé une remise.

« On a dit alors que la débitrice avoit le change contre elle *ou au-dessous du pair*; que l'autre l'avoit *pour elle ou au-dessus*. Il n'y a rien d'arbitraire dans ce langage qui n'est que la simple expression des faits » (1).

On concluoit de tout ceci, que consulter le cours du change, c'étoit un moyen unique et invariable pour savoir si *la balance en argent* étoit favorable ou défavorable à la France dans son commerce extérieur ; c'est-à-dire, si les négocians de

_______________

(1) Voyez, pour exemple, ce qui est dit au numéro 6 du chapitre premier de cet ouvrage, sur le résultat ou *la balance du commerce* entre la France et l'Angleterre, au moment de la révolution.

F 4

cet empire devoient recevoir le solde des valeurs pour résultat des marchandises trafiquées, ou s'ils étoient dans le cas de payer ce solde aux nations étrangères. « C'est le change, disoit l'un (1), qui avertit du commerce, non pas le change momentané de quelques jours, mais la totalité des changes d'une année. Si le change indique une balance défectueuse, alors par l'examen des marchandises d'entrée, par des comparaisons avec les années précédentes et par d'autres observations faciles, le législateur voit quelle est la partie souffrante, et cherche les moyens de la rétablir, et c'est-là un des principaux usages des bureaux d'entrée et de sortie. »

« Le cours du change, dit un autre écrivain (2), doit être un thermomètre plus sûr et plus prompt pour s'assurer de la situation du commerce plus ou moins

---

(1) Essai politique sur le commerce.

(2) Réflexions politiques sur les finances et le commerce.

considérable de deux nations, que celui d'examiner l'entrée et la sortie des marchandises ; car il met journellement le législateur en état d'agir, soit pour soutenir et conserver l'avantage , si on l'a, soit pour le rappeller , si on ne l'a pas : aulieu que celui qui résulte de l'examen des denrées qui entrent et qui sortent du royaume, ne peut se connoître que long-tems après , et alors, il n'est plus tems d'agir. *Peut-être faut-il se servir de l'un et de l'autre.* »

On convenoit à la vérité d'un autre côté, que les dépouillemens des registres d'entrée et de sortie des douanes frontières ne pouvoient donner aucunes lumières , ni sur le montant des dépenses faites chez les nations, soit par les voyageurs, soit par les ambassadeurs, ni sur les sommes payées pour les rentes dues aux étrangers , et pour les tributs exigés par la cour de Rome ; « mais, ajoutoit-on (1), ces objets ne doivent pas en faire

______

(1) Examen du livre intitulé : Réflexions politiques sur les finances et le commerce.

partie, puisque cette balance (d'entrée et de sortie des marchandises) est uniquement destinée à donner le tableau du commerce dont les livres des douanes embrassent toutes les branches. Le change au contraire ne se borne pas au commerce : il embrasse d'autres parties ; et il s'ensuit que l'un a trop d'étendue, et que l'autre n'a précisément que celle qu'il doit avoir pour éclairer véritablement l'administration sur tout ce qui dépend du commerce. Donc il est démontré que ce n'est pas la balance ( de l'entrée et de la sortie des marchandises ) qui est insuffisante, parce qu'elle ne comprend pas les balances en question, mais que c'est le change qui est insuffisant, parce qu'il comprend plusieurs sortes de dépenses qui sont étrangères au commerce.

Cette conséquence étoit juste. En effet, en partant toujours de ce point, qu'il importe de connoître si une nation paye ou reçoit *la balance en argent*, il est indispensable de séparer les rapports du commerce qui unissent les puissances , des autres liaisons qu'elles ont entre-elles ; liaisons qui peuvent augmenter le besoin de faire des envois d'argent chez l'une d'elles, ou d'en retirer pour d'autres causes que pour achats et ventes de marchandises. Ces rapports, quelque soit leur nature, influant également sur le cours du change, il n'est pas possible de reconnoître si la *hausse* ou la *baisse* momentanée ou habituelle, provient des opérations commerciales : l'utilité de cette méthode devient vraiment douteuse, parce qu'on ne peut par son moyen, remonter aux causes, et apprécier en quoi et comment on peut rétablir la *balance*, au profit de la nation pour qui elle est jugée défavorable.

Il faut ajouter que ce ne sont pas là les seuls traits infidèles remarqués dans le tableau du *change*, lorsqu'il s'agit de suivre le mouvement des espèces ou matières d'or et d'argent à l'entrée et à la sortie d'un grand empire. J'acheverai de completter l'analyse de cette méthode.

en transcrivant ici une opinion d'un grand poids dans cette matière (1).

» La variation du change a des bornes fixes, quelque soit la somme due par un pays à un autre. C'est par cette considération que le change, dans les places voisines, n'essuie jamais que de très petites variations.

« Les frais de transport, les risques de mer, les dangers d'une extraction prohibée, la perte sur le poids des monnoies, (altérées par les refontes ou par l'ancienneté de leur fabrication ), sont autant de circonstances dont l'évaluation peut être faite, et selon le résultat de cette évaluation, le change entre deux places, ou pays, devra se mouvoir dans un espace plus ou moins étendu. Cependant il n'est pas moins vrai que cet espace, étant nécessairement circonscrit, les variations du change peuvent bien indiquer qu'un pays devient débiteur ou créancier

_______________

(1) De l'administration des finances de la France, par M. *Necker.* Tome II.

d'un autre; mais on ne discerneroit jamais
à cette lueur, quelle est la disproportion
qui existe entre leurs échanges respectifs.
Ainsi, si l'on veut considérer les mouve-
mens du change comme un thermomètre
des rapports de commerce, il faut ajouter,
pour rendre la comparaison exacte, que ce
thermomètre n'indique que deux ou trois
dégrés de variations, tandis qu'il en existe
un nombre infiniment plus considérable.

« Enfin, si dans le tems que la France
doit à l'Angleterre dix millions, la Hollande doit à la France une somme pareille, il arrivera que la France, pour
s'acquitter envers l'Angleterre, lui cédera
sa créance sur la Hollande, et alors il
ne s'opérera aucune variation sensible,
sur le prix du change, entre la France
et l'Angleterre.

« Cependant, et les observations sur
les grandes révolutions du change, et la
connoissance exacte des quantités d'or et
et d'argent, qui s'introduisent et s'arrêtent dans un royaume, et la formation
des états d'exportation et d'importation

sont autant de moyens d'instruction qui se fortifient réciproquement, et l'on ne doit en négliger aucuns dans un examen si digne de l'attention du gouvernement ».

La méthode de consulter le tableau du change, pour s'assurer de la position du commerce extérieur d'une nation, est, comme l'on voit, non seulement insuffisante, mais encore infidèle par rapport à l'objet essentiel qu'on se propose dans cette opération, qui est de juger de quel côté penche la *balance en argent*, ou le solde favorable ou défavorable du commerce extérieur.

On a déja apperçu en quels points la méthode de dépouiller les registres des douanes frontières de l'Empire, peut l'emporter sur celle du change, suivant le parallèle fait entre ces deux méthodes, par les écrivains politiques. Ce mode de comparer les marchandises, entrées et sorties, peut offrir un résultat quelconque de la *balance en argent* du commerce extérieur ; mais de plus, il se prête à

toutes les modifications qu'exerce sur de
semblables tableaux, l'esprit de réflexion.
En changeant successivement les aspects
de ces tableaux, on parvient à en déduire
les principes développés précédemment
sur la *balance du commerce* ; on arrive par
la connoissance des principaux élémens
dont sont formés les importations et les
exportations, aux conséquences majeures qui dérivent des opérations commerciales d'un grand empire.

Je ne tairai pas les imperfections re-
prochées à cette dernière méthode. Afin
de prouver que je n'ai pas dessein de
les atténuer , je citerai préférablement
celui des auteurs qui a fait encore plus
la satyre, que la critique de cette opération, mais dont les talens et la profes-
sion rendent l'autorité vraiment imposante. Je ne crois pas que l'on puisse rien
ajouter au portrait défavorable qu'il en a
fait et que je vais retracer ( 1 ).

______________________________

( 1 ) Lettre cinquième du voyage d'Italie, par
M. *Roland de la Platière* , inspecteur des manu-

« C'est grand pitié, que ces balances de commerce qu'on a fait dans les différens états ! Quand je vois tirer des résultats de ces ridicules pancartes qu'on dresse dans les bureaux, avec tant de travail et de netteté, *mi fanno dal riso crepare*. A ne considérer que la France et l'Angleterre, les deux puissances les plus fabricantes, les plus commerçantes du monde, combien d'omissions, de négligences, de doubles emplois, d'erreurs, de corruptions, d'expéditions nocturnes, de droits esquivés, de contrebandes enfin »!

En supposant que ce paragraphe, considéré philosophiquement, fût vrai, que faudroit-il en conclure ?..... Malheureuse humanité! à laquelle de tes connoissances ne peut-on pas en faire l'application ? Fontenelle n'a-t-il pas dit plus ironiquement encore que L'HISTOIRE est UNE FABLE CONVENUE ? Mais, sérieusement parlant,

---

factures à Lyon, auteur de la partie de l'Encyclopédie méthodique, intitulée : Manufactures, arts et métiers.

quelle

quelle science importe plus à l'homme que la connoissance du cœur humain ? Depuis des siècles, de génération en génération, la philosophie, en parcourant l'univers, s'attache à en dévoiler les replis. Avec quel succès l'hypocrisie ne parvient-elle pas à rendre ses tableaux infidèles ? Les masses sont généralement bien saisies ; mais le tems n'est-il pas occupé sans cesse à en retoucher les traits ? Quel ennemi des progrès de la civilisation pourroit conclure que l'étude de la morale est vaine et dangereuse, parce que les résultats de détails, sont souvent incomplets, inexacts et trompeurs ?

Est-il surprenant que dans l'enfance de la science administrative, les bons instrumens manquent ? Faut-il tomber, de la pénurie des faits, dans le néant, parce que le point de perfection n'est pas encore connu ? Les obstacles aux progrès des connoissances les plus utiles, n'ont-ils pas été d'autant plus multipliés, d'autant plus efficaces, qu'elles étoient près de leur berceau ? Qui peut calculer où doit parvenir cette science des faits en économie politique, lorsque les bons esprits se seront tournés en France vers sa culture? Les livres des douanes seront peut-être les premiers élémens où la nation françoise aura puisé les bons principes, pour arriver au plus haut degré de prospérité. Enfin, leur utilité peut-elle être méconnue, après que les Raynal (1), les Smith (2), les Young (3),

(1) L'histoire politique et philosophique des établissemens et du commerce des Européens dans les deux Indes, est accompagnée, comme tout le monde sait, d'extraits des livres des douanes des principaux Etats commerçans de l'Europe.

(2) Le docteur Smith, dans son sublime ouvrage des Recherches sur la nature et les causes de la richesse des nations, a fait usage de plusieurs renseignemens puisés dans les livres des douanes angloises et écossoises, particulièrement à l'égard de l'exportation du bled des ports d'Angleterre.

(3) M. Arthur Young est auteur d'un ouvrage très-estimé sur l'arithmétique politique, contenant des observations sur l'état présent de la Grande-Bretagne, et les principes politiques de cette nation sur l'encouragement de l'agriculture (1784). Il est également ment auteur d'un écrit périodique intitulé : annales de l'agriculture.

les Chalmers ( 1 ), ont fait sortir de ces oracles muets, d'importantes vérités politiques ( 2 )?

---

( 1 ) Georges Chalmers , auteur d'un ouvrage également recommandable , intitulé : analyse de la force de la Grande-Bretagne sous le règne de Georges III, et sous les quatre règnes précédens , et des pertes éprouvées par son commerce , dans chacune des guerres qu'elle a soutenues depuis la révolution.

( 2 ) La partie méchanique des opérations de la balance du commerce d'après les registres des douanes françoises, se trouve développée dans la note première des pièces justificatives , sous ce titre : motifs d'accorder toute confiance aux renseignemens sur le commerce de la nation françoise , recueillis et combinés , pour former une des principales bases de cet ouvrage. On y verra de quel degré d'utilité sont les archives du commerce chez les principaux peuples de l'Europe. On se convaincra particulièrement du point de perfection où ce genre d'établissement se trouve en France ; on appercevra enfin quels avantages l'Angleterre elle-même a retiré d'un semblable dépôt, pour les progrès et la législation de son commerce.

# SECTION DEUXIÈME.

*Des notions insuffisamment développées jusqu'à présent, en matière de Balance du Commerce.*

On a vu dans la précédente section, quels principes étoient connus jusqu'à présent, en matière *de balance du commerce.* Je vais chercher à donner dans celle-ci de nouveaux développemens à cette branche de l'économie politique.

Pour apprécier ce que vaut un préjugé, ( et c'en est un sans doute que celui qui fait consister la richesse d'une nation, uniquement dans l'accumulation des matières d'or et d'argent ), il est indispensable de le considérer sous tous les aspects, de remonter même jusqu'à son origine, afin de mieux peser toutes les circonstances qui en ont fait un principe fondamental chez les nations modernes et commerçantes.

La science de l'économie politique n'étoit pas assez cultivée chez les anciens, pour qu'ils aient pu fournir aux modernes les élémens de ce principe. Comment les nations actuelles de l'Europe, sont-elles parvenues à le consacrer? Voici les conjectures que je forme d'après la connoissance des principaux faits historiques, sur le rétablissement du commerce, des arts et des sciences en Europe, rapprochés de la nature même des choses.

L'Italie avoit vu les barbares disperser les trésors amoncelés par les anciens Romains; et Constantin avoit également contribué à ruiner la capitale de l'univers, en transférant en Orient le siège de l'Empire.

La puissance ecclésiastique établie en Occident, repompa bientôt tout l'or de l'Europe, par ses usurpations sur la puissance civile, et ses pieux brigandages sur les peuples abrutis. Les tributs annuels, les pélerinages, les jubilés, les indulgences, les confrairies, le trafic des couronnes, et les croisades, accumulèrent en Italie des

richesses considérables ( 1 ) qui développèrent cet esprit·de cupidité qu'ont
si bien cultivé et propagé dans toute
l'Europe les modernes Italiens.

D'un autre côté, les prétentions des
empereurs d'Allemagne, les factions des
papes fatiguoient les cultivateurs, qui
ne pouvoient d'ailleurs suffire à l'approvisionnement d'une surabondance de population occasionnée par les émigrations

---

(1) Le pape Jean **XXII**, qui mourut vers 1334,
laissa 250 millions de livres tournois, valeur actuelle,
tant en espèces qu'en bijoux, après 18 ans de papauté.
Mémoire sur le commerce de France, depuis la première croisade jusqu'au règne de Louis **XII**, qui ren-
voye sur l'exactitude de ce fait, aux antiquités d'Italie,
par *Willani*, auteur contemporain, et *Muratori*;
et à l'histoire générale de Provence, page 143.

Le jubilé produisit l'effet pour lequel les Romains l'avoient demandé, c'est-à-dire, qu'il laissa
beaucoup d'argent dans leur ville. Les pélerins y vinrent en si grand nombre, que les jours où il y en avoit
le moins, on en comptoit 200 mille, et que d'autrefois
on estimoit qu'il y en avoit un million ou davantage.
( Histoire générale moderne, année 1350 et suivantes ).

continuelles de toutes les parties de la chrétienté. Il falloit tirer de l'extérieur des subsistances.

Les villes maritimes ou méditérannées de l'Italie les plus avantageusement situées, telles que Padoue, Pise, Milan, Venise, Gènes et Florence, augmentèrent successivement leur commerce, et s'approprièrent une grande partie du numéraire que la superstition voituroit en Italie. Les négocians de toutes ces villes furent dabord seulement les facteurs de cette contrée, mais bientôt devinrent les agens des peuples de l'Orient et de l'Occident.

De quelle manière toutes ces républiques commerçantes, pouvoient-elles réaliser les bénéfices de leur industrie? Un territoire borné ne pouvoit leur offrir de grandes ressources pour l'emploi des capitaux immenses qu'elles possédoient: leurs profits établis sur les achats et reventes des produits de l'agriculture et de l'industrie des autres nations, ne pouvoient être réalisés qu'en marchandises qu'elles enmagasinoient, jusqu'au point dont étoit susceptible leur commerce ; mais en dernière analyse, pour rendre durables leurs richesses, il falloit les convertir en matières d'or et d'argent. Ces républiques furent donc forcées par la nature même des choses, de réaliser en argent la balance de leur commerce extérieur. Cette explication se trouve confirmée par l'étymologie italienne de BILANCIO, mot exprimé en françois par BILAN, résultat du balancement ou BALANCE des importations et des exportations (1).

Ce commerce d'entrepôt, de commission et de transport, enrichit de la même manière l'association formée au douzième siècle, dans le Nord, sous le nom de villes anséatiques.

Enfin, les sept provinces-unies de Hollande, devenues libres, vers la fin du seizième siècle, parvinrent en 50 ans,

---

(1) Prospectus du nouveau dictionnaire de commerce, par M. l'abbé *Morellet*.

par la même route, à un dégré de richesse bien supérieure. Il faut observer cependant, que cette république fut dabord conquérante en même temps que commerçante; car le dividende de sa compagnie asiatique fut de 75 pour cent, en 1605, quatre années après son établissement; et ses énormes profits furent dus aux produits des riches cargaisons orientales, prises sur les Espagnols et les Portugais (1).

Quoiqu'il en soit, au moment où les nations françoise et britannique commencèrent à concevoir quelques idées étendues de commerce, elles ne furent frappées que de la rapide fortune des peuples européens qui les avoient précédées dans cette carrière. Elles convoitèrent les riches métaux dont étoient devenus successivement propriétaires les républiques d'Italie, les villes anséatiques, et les Hollandois; parce qu'ils avoient fait naître chez les uns, la gloire des lettres,

_______________

(1) Le commerce de la Hollande, ou tableau du commerce des Hollandois dans les quatre parties du monde.

des sciences et des arts, et chez les autres, la prépondérance politique.

Ces fausses idées de fortune furent encore plus funestes à la France qu'à l'Angleterre : car on estime qu'en Angleterre, l'agriculture a atteint environ les deux tiers de sa perfection; tandis qu'en France, elle est à peine parvenue à la moitié de ce qu'elle pourroit être (1).

Aussi les Italiens, en travaillant la France pendant deux cent ans, depuis le commencement des guerres d'Italie, jusqu'à la fin du ministère de Mazarin, ont-ils eu le tems de lui communiquer tout le venin de leurs liaisons.

Nous sommes redevables aux Italiens des banques (2), des loteries (3), des ton-

----

(1) De l'économie politique moderne : discours fondamental sur la population.

(2) Les Médicis et les Strozzi établirent, dès le quinzième siècle, des banques dans plusieurs villes de France, et principalement à Lyon. L'Europe commerçante a encore reçu des Italiens les lombards ou monts-de-piété, et les assurances maritimes. Voyez l'ouvrage intitulé : le Commerce de la Hollande.

(3) Sous François Ier. le goût de la loterie passe

tines(1), des affaires en finance (2). C'est en dirigeant ces établissemens, qu'ils s'appliquèrent constamment à dévorer la substance du peuple françois, et à brouiller toutes les nations sur les véritables sources de la richesse publique. Tout-puissans sous la minorité de Louis XIII, ils dictèrent des loix commerciales. On reconnoit bien leur esprit de cupidité dans celle qui ordonnoit aux François de

---

d'Italie en France. Ce souverain donna, en 1539, des lettres-patentes à un particulier, pour l'autoriser à établir une *loterie* ou blanque. ( De la passion du jeu, par M. *Dusaulx*. )

(1) Année 1653. Ce fut vers ce tems que fut établie la première tontine , espèce de rentes viagères, qui prit son nom d'un Italien nommé *Tonti*. ( Recherches et considérations sur les finances de France, par *Forbonnais* ).

(2) Année 1606. Le duc de Sully exigea des fermiers des contributions publiques , une déclaration qu'aucun étranger n'étoit intéressé avec eux. Années 1614 et 1615. Les Italiens reparurent avec toute leur audace sous la faveur du maréchal d'Ancre , qui fit créer trois charges de trésoriers des pensions , qui lui valurent un million. ( Recherches et considérations sur les finances de France ).

rapporter la moitié du prix du blé qu'ils alloient vendre en Espagne, soit en argent monnoyé, soit en lingots. Voilà vraiment la doctrine de la *balance en argent* du commerce extérieur, professée hautement dès le commencement du dixseptième siècle, par le gouvernement (1).

Une autre position politique de la France, qui a beaucoup contribué à confirmer cette erreur, c'est l'abondance des métaux, que lui a procuré les sommes considérables versées pendant 150 ans, par le gouvernement espagnol, pour nourrir l'esprit de faction dans l'intérieur du royaume. Cette abondance du signe des richesses entretenoit une aisance locale, là où elle se trouvoit (2): on tiroit de

---

(1) L'auteur de l'article, *Balance du Commerce*, dans l'Encyclopédie méthodique, partie des finances, s'est trompé, lorsqu'il dit : *qu'on n'a commencé à ouvrir les yeux sur cette balance*, que sur la fin du siècle dernier ; car la loi, dont il s'agit, a été rendue en 1623, sous la forme de lettres-patentes.

(2) Il faut attribuer à cette circonstance les moyens donnés à Louis XIV, de multiplier ses dépenses de

ce fait particulier, la conséquence générale que le grand art de l'administration
consistoit donc à s'approprier sans mesure l'or et l'argent de ses voisins.

Il est évident par ces rapprochemens
historiques que les peuples modernes de
l'Europe, au moment où ils se sont livrés à un commerce extérieur très-étendu, se sont trouvés dans deux circonstances absolument dissemblables.

Les uns, n'ayant qu'un territoire borné, avec de grandes ressources dans leur
génie actif et industrieux, sont devenus
les facteurs du monde commerçant. Telles ont été les républiques d'Italie, et telles
sont encore actuellement la Hollande,
et les villes anséatiques de Hambourg,
Brémen, Lubeck et Dantzyck, dans les
mers du Nord, et particulièrement dans
la Baltique.

Les autres, comme l'Angleterre, et par-

---

luxe, de surcharger ses peuples d'impôts, malgré ses
guerres destructives de la population, de l'agriculture
et du commerce. ( Voyez les Considérations sur les
richesses et le luxe).

ticulièrement la France , possédant un vaste territoire , dûrent chercher à étendre au-dehors la consommation de leurs produits , pour porter la culture des terres au dernier dégré de perfection.

Dans le premier cas , les nations à territoire borné n'avoient d'autres moyens de réaliser leurs profits, que d'augmenter d'abord leur commerce , et lorsqu'il ne fut plus susceptible d'extension , elles se virent forcées de réaliser leurs bénéfices en matières d'or et d'argent.

Le but de leurs travaux fut donc toujours l'obtention , la disposition ou la jouissance de la *balance en argent* de leur commerce extérieur.

Dans le second cas , les nations à territoire étendu , si elles avoient été éclairées sur leurs véritables intérêts, auroient dû tourner les profits de leurs commerce extérieur vers l'amélioration du commerce intérieur , et alors elles n'auroient pas fait l'unique objet de leur désir , de cette *balance en argent* ; car l'échange toujours progressif des marchandises pa-

trimoniales contre celles étrangères devoit contribuer plus sûrement à l'augmentation de la culture de leurs terres,
et de leur population, que la possession
d'un signe représentatif qui ne doit être
que le *pis aller* du commerce, et dont les
nations, comme les particuliers, sont
forcées de se contenter, lorsqu'elles sont
parvenues au dernier dégré de la consommation et de la réproduction.

Quoiqu'il en soit, ce n'est pas une
idée absurde que l'existence de la *balance
en argent* du commerce extérieur, puisqu'il est des nations qui sont forcées, par
la nature même des choses, d'en faire
l'*ultimatum de leur politique mercantile.*
La Hollande est singulièrement dans
cette position. « Les capitaux que les
commerçans de cette nation possèdent,
excèdent non-seulement tout ce que son
commerce intérieur et son commerce
extérieur de consommation direct et
*circuiteux*, ( de transport de commission
ou de revente ) sont capables d'absorber ;
mais le surabondant de ces capitaux qui

reste encore dans les mains des commerçans paroît surpasser si fort tout ce qu'ils
sont en état d'employer dans le commerce
extérieur de transport, qu'on les voit réduits à en placer une grande portion, à
simple intérêt, dans les fonds publics des
autres nations (1). » Que l'on dise philosophiquement que les Hollandois sont
aujourd'hui assez riches pour se reposer,
j'y souscris ; mais qu'on affirme avec les
économistes, comme un principe général
de politique commerciale, qu'en continuant comme ils font d'exercer leurs activité industrieuse par toutes les parties
du globe, il n'y a *pas d'avantage* (2) pour
ces républicains, à recevoir la *balance en
argent* de leur commerce extérieur ; c'est
méconnoître les causes qui, dans le travail, déterminent les actions des hommes.
Ils ne prennent de la peine dans aucun

---

(1) De l'économie politique moderne : discours
fondamental sur la population.

(2) Discussions et développemens sur quelques-
unes des notions de l'économie politique, pour servir
de seconde partie au recueil intitulé : Physiocratie.

genre

genre que dans l'intention de jouir *actuellement*, ou dans l'espoir de jouir *incessamment* : en convertissant leurs profits en *un gage durable*, ou en matières
d'or et d'argent, ils possèdent les moyens
de recevoir dans tous les tems le prix
de leurs travaux ; ils acquèrent des délé-
gations sur les récoltes futures des nations à territoire étendu.

D'un autre côté, un pareil système
n'étoit point du tout applicable à la position d'une puissance territoriale comme
la France ; et sous ce point de vue, les
économistes et les autres philosophes
avoient raison de s'élever contre ce fan-
tôme de richesses qu'elle poursuivoit,
en négligeant des moyens plus efficaces
de perfectionner sa culture, et d'accroître
sa population.

Ce n'est pas tout : on voit bien par ce
qui précède qu'il est essentiellement
avantageux à certaines nations de recevoir en argent la balance de leur commerce extérieur, et qu'une nation à territoire étendu, comme la France, ne doit

pas convoiter un semblable résultat pris dans le sens d'*une vérité absolue* ; mais lorsque lo'n envisage ce même résultat sous le point-de-vue d'*une vérité relative* de l'économie politique , on apperçoit que d'après les élèmens qui constituent l'état actuel des nations modernes à territoire étendu , il leur importe d'obtenir partiellement , cette *balance en argent* , ou pour parler plus clairement, que la France ne peut se dispenser d'acheter annuellement des matières d'or et d'argent , avec les produits de son sol et de son industrie.

Cette vérité relative de l'économie politique est fondée sur le système qui règne chez les nations modernes de l'Europe. « Rien n'y circule plus dans son état naturel ; les hommes , les choses , les services , la puissance des états , tout est aujourd'hui calculé en argent , et ne peut plus être mis en mouvement que sous la force de ce levier : la richesse nominale est par conséquent devenue nécessaire aux nations de l'Europe ; et celles qui n'ont ni mines d'or , ni mines d'argent , ne

peuvent se procurer ce genre de richesses,
que par le commerce extérieur ». (1)

Une nation à territoire étendu a donc
autant besoin qu'une nation à territoire
borné, que son commerce lui fournisse
annuellement des matières d'or et d'argent, si à raison de sa position politique
vis-à-vis ses voisins, elle doit déployer
une force militaire redoutable ; si, propriétaire de colonies lointaines elle est
nécessairement dans le cas d'entretenir
une marine considérable, pour s'opposer
à toute invasion ; si les dépenses de son
gouvernement, le luxe et les déprédations
des ministres et des courtisans ; si dis-je,
la réunion de toutes ces circonstances,
rend cette nation à territoire étendu, la
France, en un mot, dans l'obligation de
faire une immense consommation de matières d'or et d'argent.

Qu'on juge de la position de la France
à cet égard, non-seulement parce que

_______

(1) De l'économie politique moderne : discours
fondamental sur la population.

H 2

dans l'état actuel ses contributions publiques en argent se montent annuellement à 560 millions ( 1 ); mais parce que
les taxes mises sur les peuples , par le
gouvernement , en 146 années , se sont
élevés à près de 60 milliards ; tant en
impôts qu'en emprunts directs et obliques (2).

Sans doute, ces 60 milliards ne sont
pas formés par des quantités dont la valeur intrinsèque réponde à la valeur nominale : car la même pièce de métal a
paru , disparu , et reparu dans le trésor
public ; mais, c'en est assez, je crois, pour
exprimer combien d'attentats ont été
commis envers la propriété ; combien d'obstacles opposés à la reproduction ; combien de vexations exercées sur les citoyens, pour réaliser une semblable somme. Ce tourment *de faire continuellement*

______

(1) Rapport du comité d'imposition de l'assemblée
nationale , du 6 décembre 1790.

(2) Mémoire pour servir à l'histoire générale des
finances : et pièces justificatives de cet ouvrage. Carte
générale, numéro 14, lettre B.

*de l'or*, sur une terre qui n'en produit pas, eût été plus cruel encore, et il eut même atteint un plus grand nombre de victimes, si le commerce extérieur n'eût pas fourni les moyens d'assouvir la soif du gouvernement. Les peuples n'ont que trop appris que sa cupidité ne se régloit pas sur leurs facultés ; elle n'avoit d'autres limites que les passions de ses agens : elle étoit sans bornes.

Non seulement les subsides annuels, réalisés en argent pour maintenir la force publique, font naître chez les nations modèrnes de l'Europe, et particulièrement en France, le besoin d'alimenter la circulation intérieure de matières d'or et d'argent, introduites par le commerce extérieur ; mais encore l'ambition qui allume des guerres longues et ruineuses, entraîne par intervale un écoulement de numéraire, fatal aux peuples travaillés doublement par l'obligation de payer de fortes impositions en argent, et par la nécessité d'occuper d'immenses capitaux à la reproduction de leur revenu annuel, pour trou-

H 3

ver les moyens de subvenir aux taxes extraordinaires mises pendant la durée de la guerre.

Les conséquences funestes qui naissent de cet état, pour les nations à territoire étendu, et en particulier la France, sont développées mieux que je ne pourrois faire dans un ouvrage que j'ai déja cité (1).

« Il est manifeste qu'une nation qui exporteroit anuellement une portion de sa richesse nominale, pour faire face aux dépenses de la guerre, hors de son terri-toire, diminueroit tous les ans la masse de cette richesse nominale, et nécessai-rement chaque année dans une pro-portion plus grande ; car, si sur une richesse nominale de deux milliards, par exemple, la nation étoit obligée d'ex-

_______________

(1) De l'économie politique moderne : discours fondamental sur la population ; ouvrage imprimé en françois à Londres en 1786, sans nom d'auteur. Cet ouvrage est peu connu en France, et il mériteroit bien de l'être par-tout où il y a des amis de l'huma-nité, de la raison, et des amateurs des progrès de la science administrative.

porter, annuellement, cent millions, il
est clair que ces cent millions forme-
roient la vingtième partie de la totalité
de sa richesse nominale, la première
année; la dix-neuvième partie, la seconde; la dix-huitième partie, la troisième;
la dix-septième, la quatrième, et ainsi
de suite.

« De la diminution dans la masse de
la richesse nominale, résulteroit nécessairement une diminution dans les facultés du peuple, à payer les taxes : car sous
le système de l'économie politique moderne, qui ne connoît que les seules
taxes en argent, les facultés du peuple
à payer ce genre de taxe, diminuent en
raison directe de la diminution qu'éprouve
la masse de la richesse nominale, et le
même peuple qui étoit capable de payer
500 millions en taxes, sur le pied d'une
richesse nominale de deux milliards, devient moins capable de payer ces 500
millions, sur le pied d'une richesse nominale de 19 cent millions dans le rapport de 20 à 19; moins capable de les

payer sur le pied d'une richesse nominale de 18 cent millions, dans le rapport de 20 à 18 ; moins capable de les payer sur le pied d'une richesse nominale de 17 cent millions, dans le rapport de 20 à 17, et ainsi à proportion.

« Une seconde diminution dans les facultés du peuple à payer les taxes, résulteroit nécessairement de la diminution dans la circulation générale de la nation, par l'interruption du commerce extérieur : car sous le même système de l'économie politique moderne, les facultés du peuple à payer les taxes diminuent en raison directe de la diminution qu'éprouve la circulation générale. Et le même peuple qui, comme dans le cas précédent, étoit capable de payer 500 millions en taxes, sur le pied d'une circulation générale de deux milliards, devient moins capable de payer ces mêmes 500 millions, sur le pied d'une circulation générale de 19 cent millions, dans le rapport de 20 à 19 ; moins capable de les payer sur le pied d'une circulation générale de 18 cent millions, dans le rapport de 20 à 18 ; moins capable de payer sur le pied d'une circulation générale de 17 cent millions, dans le rapport de 20 à 17, et ainsi à proportion.

« Dans la guerre de 1755, continue le même auteur, la France fut forcée de prendre sur sa propre richesse nominale, des sommes considérables pour fournir aux dépenses qu'exigeoient dans les territoires étrangers, ses armées, ses flottes, et ses alliances ( 1 ) ; le peuple devint incapable de payer les taxes ; le crédit public s'anéantit, et la France continuellement affoiblie dans ses ressources, fut enfin réduite à la nécessité de demander la paix et de recevoir la loi de l'ennemi ».

Veut-on achever d'apprécier toutes les calamités qu'éprouvent les peuples, par ces levées immodérées d'argent ? Qu'on

_______________

(1) On se trouva encore dans la nécessité d'employer à ces dépenses la vaisselle d'or et d'argent, qui fut portée aux hôtels des monnoies, en exécution des lettres-patentes du 26 octobre 1759.

se rappelle l'état de prospérité qu'a éprouvé la France depuis la chûte du système, jusqu'au milieu de ce siècle, et qu'on le rapproche des plaies profondes faites à la fortune publique par la guerre de 1755.

Eh bien ! dans la première époque, en partant seulement de l'année 1733 à 1755 inclusivement, espace de 23 années, dont douze de guerre et onze de paix, le gouvernement françois a levé en emprunts et en impôts, 14 cent millions de moins que la somme d'argent qu'a pu procurer le commerce extérieur, par le résultat des balances favorables (1).

Dans la seconde époque, de 1756 à 1788 inclusivement, qui présente un espace de 33 années, dont quinze de guerre, et dix-huit de paix, le gouvernement françois a levé, de la même manière, plus de 4 milliards au-delà des sommes

---

(1) Pièces justificatives : premier résultat de la carte générale, numéro 14, lettre D. Cette époque de 1733 à 1755, comprend 10 années du ministère du cardinal Fleury.

que le commerce extérieur a pu procurer par le résultat des balances favorables (1). La majeure partie de cette somme
forme le montant des dépenses de la
guerre de 1755, et de celle de 1777 pour
la liberté américaine.

La prospérité publique de la France eut
été encore bien plus violemment attaquée,
si la portion de sa richesse nominale oc-
cupée indispensablement à la circulation et la reproduction du revenu annuel,
eût été seule employée à fournir aux dépenses extérieures de la guerre, soit pour
payer la subsistance et l'entretien des troupes en territoire étranger, soit pour solder
l'achat des marchandises navales. Il pa-
roit vraisemblable qu'une grande partie
des 14 cent millions acquis aux françois,
par le commerce extérieur de 1733 à 1755,
au-delà des besoins ou des demandes du
gouvernement, pendant cette époque,
au lieu de venir grossir la richesse nomi-

_______________

(1) Pièces justificatives : second résultat de la carte
générale, numéro 14, lettre D.

nal de la France , dans sa circulation
intérieure, a été employée à solder chez
les étrangers , une partie des dépenses
de la guerre de 1755; et que les matières
d'or et d'argent, que le même commerce
extérieur a pu se procurer, après la paix
de 1763 , ont été destinées à liquider les
dettes arriérées de la même guerre, faites
en pays étranger, de manière à retarder,
par cette destination extérieure des balances de commerce favorables, l'accroissement de la richesse nominale dans la
circulation intérieure de la France.

On paroît fondé à conclure, suivant le
sentiment du même écrivain que j'ai
cité , ( 1 ) qu'en général , les nations
opulentes , comme la France et l'Angleterre, font refluer, vers d'autres nations,
en tems de guerre , une grande partie du
montant des balances en argent, qu'elles
obtiennent par le commerce en tems de
paix ; ce qui explique en partie, la contra-

_______________

(1) De l'économie politique moderne : discours
fondamental sur la population , pages 269 et suivantes.

diction qui paroît exister entre le résultat annuel de 7 millions sterlings ( 1 )
acquis aux puissances françoise et britanique pour *leurs deux terribles balances*,
tandis qu'il n'en vient que 6 millions
d'Amérique (2).

En effet, un arrêté de compte n'est
pas toujours nécessairement soldé : les
nations françoise et angloise peuvent bien
acquérir, par le résultat des importations et des exportations comparées, la
disposition d'une semblable masse de matières d'or et d'argent, et ne pas immé-
diatement les faire entrer en augmentation de leur richesse nominale intérieure.

Ne peut-on pas citer d'abord pour exemple l'Angleterre qui obtient la plus forte

---

(1) 168 millions de liv. tournois, à raison de 24 liv.
sterlings chaque.

(2) 144 millions de livres tournois. *Idem.*

Objection faite dans l'ouvrage intitulé : Considérations sur quelques parties du méchanisme des
sociétés, par le marquis *de Casaux*. Tome premier.

*balance en argent?* L'augmentation progressive de ces capitaux, ne peut-elle pas
servir en partie à grossir la richesse nominale circulante en Russie, dont les
Anglois exploitent, dans l'intérieur même
de ce vaste empire, presque la totalité de
ces différentes branches de commerce? Il
faut des capitaux immenses pour l'exploitation du commerce intérieur de la Russie ; car, « l'usage général est d'y vendre
à six mois, un an, dix huit mois et deux
ans de terme ; et d'acheter comptant, à
*livrer* ; c'est-à-dire une année, et quelquefois plus d'avance ; et cependant, de
payer le prix comptant au moment du
contrat. Ce sont presque tous les seigneurs russes qui vendent leurs récoltes
aux négocians étrangers, et qui contrac-
tent , pour leur approvisionnement, de
toutes les marchandises nécessaires à leur
consommation. Ce n'est que par l'étendue de leurs fonds que les Anglois sont
parvenus à y être la nation dominante,
et à prendre dans ce commerce la place

que les Hollandois y occupoient autrefois ( 1 ) ».

Il y a plus : c'est qu'une partie des bénéfices du commerce anglois , augmente
le numéraire circulant en Portugal , qui
est cependant la mine où puise la Grande-
Bretagne. En voici la raison : « Tous les
établissemens de quelque importance
dans ce royaume , sont dirigés par des
Anglois ou des Irlandois : tout s'y fait à
l'angloise. Les Anglois ont eu l'adresse,
pour s'attacher le Portugal, de faire faire
par la factorie des prêts considérables à
la couronne, au fics et au commerce (2) ».

Le commerce de la France en Espagne
n'est pas tout-à-fait sur ce pied ; mais les
nombreuses maisons françoises établies
soit à Cadix , Séville , Madrid et autres
villes commerçantes de l'Espagne , em-

--------

(1) La richesse de la Hollande, tome II , page 59
et 60.

(2) Situation politique de la France, et ses rapports
actuels avec toutes les puissances de l'Europe ; par
M. *Peissonnel* , ancien consul-général de France à
Smirne; tome II , page 109.

ployent une grande partie des capitaux, formant la *balance en argent* du commerce françois avec toutes les nations européennes. Une partie de ces balances augmente donc le numéraire circulant en Espagne, quoique demeurant toujours la propriété de la France.

La Hollande elle-même, n'entasse pas dans ses coffres tout l'or et l'argent dont elle devient annuellement propriétaire par le résultat de son commerce extérieur ; une partie est sans doute employée à circuler dans les états du nord, dont elle exploite plus particulièrement l'industrie. Enfin, elle le place à intérêt dans les fonds publics ou particuliers des nations emprunteuses. Dans tous les cas, on peut dire que la Hollande, l'Angleterre, et la France disposent annuellement de tant de millons, en obtenant la *balance en argent* dans leur commerce extérieur, quoique la totalité de cette balance n'augmente pas chaque année la richesse nominale circulante dans l'intérieur de ces trois états.

Je

Je crois avoir prouvé comme une vérité relative en économie politique , particulièrement applicable à l'état actuel de la France , que c'est un avantage pour elle de recevoir en argent une partie de la balance de son commerce extérieur : ce n'est pas que cet avantage doive être l'objet des sollicitudes du gouvernement, mais du moins il est essentiel qu'il cherche à en constater l'existence par tous les moyens possibles, afin de connoître par la direction des canaux qui ont apporté les *balances favorables* , si toutes les sections de l'empire y participent assez également, pour que les contributions en argent , ne pesent pas plus lourdement sur certains membres de la grande famille ; et il doit s'assurer à l'époque du besoin de nouvelles taxes, si les facultés des peuples se trouvent en relation avec les levées extraordinaires d'argent.

L'examen des résultats de la balance du commerce , envisagés sous ce point de vue, indépendamment de tous les aspects recommandés par les écrivains politiques, rapportés dans la première section de cet ouvrage , peut offrir de vastes sujets de réflexion à un observateur attentif, qui n'exigera pas sans doute une exactitude mathématique. « Ce n'est pas la quadrature du cercle que l'on cherche ; tous les calculs de l'arithmétique politique, comme le dénombrement des citoyens , ne sont pas susceptibles d'une pareille précision » (1).

Je prie quiconque trouveroit cette discussion trop étendue , de se rappeller que j'ai annoncé dans le discours préliminaire, que le but principal de cet ouvrage étoit d'offrir à la discussion publique , soit actuellement, soit à des distances éloignées ou même reculées , les élémens de la richesse de la France à deux époques importantes. Il falloit conséquemment que je rappellasse tous les principes connus jusqu'à présent , qui pouvoient guider dans l'examen et la comparaison

_______________

(1) Institutions politiques , par M. le baron de *Bielfeld.*

des tableaux qui en forment une des
parties essentielles , et que j'y réunisse
même les nouveaux apperçus sous lesquels ils pouvoient être envisagés pour le
plus grand progrès de la science administrative.

La méditation développera sans doute
un jour de plus grandes vues sur cette
branche de l'économie politique. N'est-ce
pas les faciliter que de réduire à quelques
pages tout ce qui a été écrit de mieux ,
et qui se trouve épars sur cette matière
dans trente volumes ?

Il entre dans le plan de cet ouvrage,
ainsi que je l'ai déja annoncé (1) , de
considérer les rapports du commerce extérieur de la nation françoise , sous le
point de vue le plus général : ceci exige
une dernière définition du mot composé
*balance du commerce*, pris dans son vrai
sens grammatical.

Qui dit *balance* , en terme figuré, exprime l'idée d'une comparaison ; les dif-

_________________________

(1) Discours préliminaire de cet ouvrage.

férentes positions que prennent les choses, ou les personnes comparées, varient l'acception du mot *balance*, qui, dans un état de juste équilibre, signifie *contre-poids*; c'est dans ce sens, que l'on dit *balance politique* ou *balance du pouvoir*: mais la première idée qui frappe, en prononçant le mot *balance*, est celle d'une *comparaison* faite ou à faire, pour arriver à un résultat, soit *d'égalité*, soit *différentiel*.

Qui dit génériquement *commerce*, embrasse tout ce qui établit et entretient des relations dans la société; on dit, *le commerce de la vie*; *cet homme est d'un commerce facile*. Lorsqu'on y joint l'idée de richesse, le mot *commerce* s'entend des rapports de l'homme avec la terre, source de toute richesse. Ainsi, l'homme exerce des rapports avec la terre par l'agriculture, en récoltant les matières que produit le sol; par les manufactures, en les préparant; par le trafic ou le négoce, en les transportant et les échangeant.

D'après ces définitions, j'entends par *balance du commerce*, la comparaison des différents rapports de l'homme avec la terre. C'est dans ce sens que j'ai intitulé cet ouvrage; *de la Balance du Commerce.*

Les matériaux que j'ai rassemblés sont sans doute insuffisans pour parcourir tous les dégrés de la balance, ou de la comparaison, particulièrement à l'égard du commerce intérieur de l'empire françois ; mais j'ai conservé dans l'anatomie des rapports qui constituent son commerce extérieur, les divisions qui naissent de l'acception générale que je donne au mot *commerce.* On remarquera en effet qu'il existe dans mes tableaux deux classes bien distinctes, qui se partagent entre les *productions de l'agriculture,* et les *produits de l'industrie,* exportés pour toutes les parties du globe.

J'étudierai donc la *balance du commerce* d'abord dans la seconde partie de cet ouvrage, par l'exposé des rapports généraux de toutes les parties du commerce extérieur de l'empire françois, et particuliérement à la fin du règne de Louis

I 3

XIV, et au moment de la révolution, en indiquant la nature des avantages que procure chaque branche de ce commerce : ensuite, dans la troisième partie, en *comparant* ou *balançant* les débouchés actuels, ouverts aux productions de son agriculture et aux produits de son industrie, en *comparant* ou *balançant* les avantages relatifs qu'obtiennent les unes à l'égard des autres, dans ces débouchés, les sections *maritimes*, *frontières* et *intérieures* de l'empire ; enfin, en *comparant* ou *balançant* les moyens offerts à chacune de ces sections, dans leur part respective de *la balance en argent* du commerce extérieur, pour payer de fortes taxes sans qu'elles puissent nuire à la réproduction du revenu annuel des terres et de l'industrie, au développement de la population, et à la possibilité de supporter les contributions extraordinaires en argent, que peuvent exiger les guerres destinées à maintenir et à accroître les bénéfices que procure le commerce extérieur.

# DEUXIEME PARTIE.

*Exposé des rapports généraux du commerce extérieur de l'Empire François, particulièrement à la fin du règne de Louis XIV. et au moment de la révolution.*

On a vu dans le discours préliminaire, quels siècles de barbarie, d'ignorance, de tyrannie et de calamités, avoient tourmenté jusqu'à nos jours l'industrie de la nation françoise, protégée momentanément, et à de grandes distances, par quelques dispositions de prudence, de justice et d'humanité. Son commerce extérieur au moment de la révolution, peut se diviser en sept branches principales, dont les unes sont en pleine activité, les autres sont susceptibles d'extension ou d'amélioration, et plusieurs sont encore absolument nulles. En les parcourant successivement, on reconnoîtra laquelle de ces positions est applicable

I 4

à chacune de ces branches ou sections.

La première section comprendra le commerce EN EUROPE et tout ce qui en dépend.

La seconde se rapportera au commerce D'ASIE.

La troisième portera sur le commerce D'AFRIQUE.

La quatrième comprendra le commerce D'AMÉRIQUE.

La cinquième concernera LES PÊCHERIES NATIONALES.

La sixième traitera de la NAVIGATION.

La septième enfin, renfermera les autres parties du commerce extérieur peu cultivées en France, ou les bénéfices de BANQUE, d'ENTREPÔT et de TRANSIT.

# SECTION PREMIERE.

## *Commerce en Europe.*

LE commerce françois avec les contrées de cette partie du monde, comprend aussi nos liaisons avec les Anglo-Américains, les Levantins, et les nations Barbaresques, qui entrent également dans le systême commercial de l'Europe. Toutes ces communications qui s'enchevêtrent, ayant un objet distinct, produisant des avantages ou effets différens, et étant dirigées sur des principes commerciaux particuliers, seront classées sous neuf chapitres.

# CHAPITRE PREMIER.

## *Commerce avec l'Espagne.*

Les rapports du commerce entre la France et l'Espagne, ont bien changé de ce qu'ils étoient au quinzième siècle. A cette époque, les Espagnols fabriquoient leurs laines, et vendoient leurs draps aux François. Cette vente et le montant des retours en Espagne, en marchandises de France, se montoit à un million, valeur actuelle (1).

Il existe un traité de commerce de 1604, conclu entre ces deux puissances, dont voici l'occasion. Les Espagnols avoient mis des droits considérables sur les marchandises commercées avec la

_______

(1) Mémoire sur l'état du commerce intérieur et extérieur de la France, depuis la première croisade jusqu'au règne de Louis XII.

France, soit à l'entrée, soit à la sortie de l'Espagne : on imposa alors en France, des droits encore plus forts sur les marchandises espagnoles abordantes à Calais: Henry IV cependant en excepta bientôt les grains qui s'y exportoient de France, mais ces deux puissances convinrent ensuite, que les droits de 30 pour cent, et l'interdiction du commerce entre les deux couronnes seroient annullés (1).

Sous le ministère de Colbert, les François se servoient de trois moyens, pour s'approprier une partie de l'argent en barres et en espèces, apporté des Indes orientales par les galions et la flotte de la nouvelle Espagne. Le premier de ces moyens consistoit à porter des marchandises de France à Cadix, pour être chargées sur les galions ou sur la flotte de la nouvelle Espagne. Le second étoit d'exporter des marchandises et denrées de France, sur les vaisseaux françois,

_______________

(1) Mémoires de Sully. (Année 1604).

dans tous les ports d'Espagne, et par les voitures de terre, pour la consommation du dedans du royaume. Le troisième moyen se trouvoit mis en œuvre par les Auvergnats, les Limosins et les Gascons qui passoient en Espagne, tous les ans, pour y travailler aux métiers les plus vils, et en rapporter dans leur famille quelque somme d'argent (1).

Telles sont bien encore les branches de commerce entre les nations françoise et espagnole ; mais au commencement du dix-huitième siècle, la paix d'Utrecht ayant assuré le trône d'Espagne à un prince de la maison de Bourbon, les relations commerciales entre les deux peuples devinrent plus étendues.

Les importations d'Espagne en France, (2) à la fin du règne de Louis XIV, s'éle-

________________

(1) Recherches et considérations sur les finances de France.

(2) Sous la dénomination de FRANCE, ESPAGNE ou AUTRE PUISSANCE, on comprend leurs possessions loin-

voient à la somme de 17 millions 600 mille livres (1) y compris une valeur de 12 millions en piastres : au moment de la révolution, elles montent à 33 millions 300 mille livres (2) seulement en marchandises, et non compris les piastres et quadruples en or, qui pour cette dernière époque, forment une valeur de 62 millions 500 mille livres.

Cette masse si considérable de matières d'or et d'argent, n'est pas en totalité le résultat des balances en argent dues par l'Espagne à la France, pour le solde de leur commerce respectif : une grande partie, au contraire, se trouve destinée à passer chez les nations de l'Europe qui ont une créance à répéter sur l'Espagne.

---

taines ; de manière que le commerce de l'empire françois, avec chacune des nations étrangères, embrasse non-seulement celui exercé en Europe, mais encore leur commerce respectif dans les autres parties du globe.

(1) Pièces justificatives : tableau, numéro premier, lettre A.

(2) *Idem.* Tableau, numéro premier, lettre C.

La remise des dettes de cette dernière puissance, devoit se faire de Paris à l'étranger, en vertu du traité existant après la paix de 1783, entre des banquiers de cette capitale, et la banque de S. Charles établie à Madrid. Enfin dans cette même valeur de 62 millions 500 mille livres en piastres, est comprise celle de 15 millions 250 mille en matières d'argent enlevées à Cadix par les vaisseaux de la compagnie françoise des Indes, en faisant route pour l'Asie.

En se bornant donc à faire le rapprochement entre les importations *en marchandises*, aux trois époques rappellées dans ce chapitre, on voit qu'à la fin du règne de Louis XIV, l'augmentation des importations d'Espagne, étoit comme *un* à *seize* environ, à l'égard de celles qui avoient lieu dans le quinzième siècle, en supposant cependant que les ventes et achats des deux nations fussent de valeurs égales. Au moment de la révolution, l'augmentation dans les approvisionnemens de l'Espagne en France, est dans la proportion d'un à quatre environ, sur les importations connues à la fin du règne de Louis XIV.

Cette valeur de 53 millions en marchandises livrées par l'Espagne à la France, forme quatre classes bien distinctes : 1°. les matières brutes particuliérement en laines, soudes, et les bêtes de charge, chevaux, mules et mulets, pour la somme de 20 millions : 2°. les comestibles du règne végétal et animal, pour 7 millions : 3°. les boissons, en eaux-de-vie et vins de liqueurs, pour environ 4 millions : 4°. pour 2 millions environ d'articles ouvragés de diverse nature.

Les exportations de la France pour l'Espagne, montoient à la fin du règne de Louis XIV, à la somme de 20 millions (1) : au moment de la révolution, elles s'élèvent à 44 millions 400 mille livres (2); ce qui offre une augmentation

---

(1) Pièces justificatives : tableau, numéro premier, lettre B.

(2) *Idem.* Tableau, numéro premier, lettre D.

de plus du double dans la seconde époque.

Ces marchandises exportées sont susceptibles de la même division en quatre classes : 1°. Les articles de toute sorte, manufacturés, fabriqués et ouvragés, pour la valeur de 26 millions 500 mille livres ; 2°. les matières brutes, et les bêtes de somme, pour cinq millions 200 mille livres ; 3°. les comestibles du règne végétal et animal, pour 11 millons ; 4°. les boissons en vins et eaux-de-vie, pour 15 cent mille livres.

On voit par cette courte analyse que le commerce de la France avec l'Espagne, réunit les principaux avantages que l'on peut désirer d'après la position actuelle de la France qui est en même tems puissance mauufacturière, et nation consommatrice de matières d'or et d'argent : soit pour alimenter son luxe, et suffire à la masse de ses contributions annuelles: soit pour élever ses capitaux au niveau de ses besoins intérieurs d'exploitation , et se

procurer

procurer un levier de circulation d'un égal poids que celui employé par les grandes puissances de l'europe: soit enfin pour les faire entrer comme marchandises dans les branches de son commerce extérieur qui exigent des métaux précieux, telles que celles du levant, et plus particuliérement celles des Indes orientales.

Puissance manufacturière, la France reçoit pour 20 millions de matières brutes de l'Espagne, et lui livre pour 26 millions de marchandises manufacturées, fabriquées et ouvragées.

Puissance nécessiteuse de matières d'or et d'argent, la France se procure 11 millions pour la balance, le solde, ou le résultat de valeur des échanges respectifs.

Plusieurs circonstances paroissent devoir changer un jour, et peut-être plutôt qu'on ne pense, un ordre de choses si propice pour la France. D'abord, ce sont les progrès que fait l'industrie Espagnole, encouragée depuis plusieurs années par son gouvernement, sur-tout pour augmenter ses exportations en marchandises nationales dans ses colonies des Indes occidentales. C'est d'un autre côté, la prépondérance marquée que l'industrie angloise acquiert sur l'idustrie françoise, qu'elle poursuit dans tous les marchés extérieurs après l'avoir étouffée dans ses propres foyers ; c'est l'espérance que conçoit l'Angleterre d'obtenir de la cour d'Espagne un traité de commerce ; c'est enfin, les succès qu'elle attend des nouvelles concessions qu'elle a reçues pour son commerce dans la mer du sud ; concessions précieuses, sur-tout par la possibilité qu'aura la Grande-Bretagne de verser en interlope ses marchandises manufacturées dans les colonies vastes et opulentes de l'Espagne.

# CHAPITRE SECOND.

## Commerce avec le Portugal.

Les anciennes liaisons qui unissoient la France et le Portugal, lorsqu'ils avoient pour ennemi commun la branche espagnole de la maison d'Autriche, ne subsistent plus, depuis qu'un Prince de la maison de Bourbon est monté sur le trône de l'Espagne. Ainsi, à la fin du règne de Louis XIV, le commerce entre la France et le Portugal étoit déja presque nul. Le monopole de ce dernier étoit absoluement livré aux Anglois, en vertu du traité de *Methuën* de 1703.

Les importations du Portugal en France, à la fin du règne de Louis XIV, s'élevoient à la somme modique de 340 mille livres, en divers articles, tels que cuirs en poil, tabac du Brésil, huile d'olive et fruits secs ( 1 ). Au moment de la révolution , ce commerce d'importation monte à 10 millions 400 mille livres (2). Les progrès du luxe paroissent avoir amené cette augmentation considérable, qui est dans la proportion d'un à trente et plus. En effet , les articles livrés à la France aujourd'hui par le Portugal, consistent particulièrement en marchandises fabriquées des Indes , en épiceries , en coton brut, en bois de teinture et de marquetterie des Indes orientales et occidentales , en fruits secs comme citrons et oranges , et en vins de liqueurs.

Les articles d'exportations de France pour le Portugal, composoient à la fin du règne de Louis XIV , une somme de 740 mille livres en lainage , toileries , papeterie , clincaillerie (3) ; au moment de la révolution, nos ventes s'élèvent à une

---

( 1 ) Pièces justificatives : tableau, numéro premier, lettre A.

( 2 ) *Idem.* Tableau, numéro premier, lettre C.

( 3 ) *Idem.* Tableau, numéro premier, lettre B.

valéur de 4 millions environ (1); 1°. en marchandises manufacturées et ouvragées pour 2 millions 3oo mille livres; 2°. en comestibles des règnes végétal et amiral pour 16 cent mille livres.

Le résultat de ce commerce est de faire payer par la France au Portugal, une balance en argent, de 6 millions 4oo mille livres, pour solde des échanges respectifs qui ont lieu au moment de la révolution.

Il se présente naturellement cette question : est-ce un commerce désavantageux que fait la France avec le Portugal, que d'échanger son numéraire ou des lingots d'or et d'argent, contre des productions de quelques nature qu'elles soient ?

Dans un sens *absolu*, il ne me paroît pas plus nuisible d'acheter les moyens de jouir, ou de contenter ses goûts, et même

___

(1) *Idem.* Tableau, numéro premier, lettre D.

ses fantaisies, avec de l'argent, que de se procurer les mêmes superfluités avec des marchandises ; mais dans un sens *relatif* à la position de la France, qui n'a pas plus de capitaux qu'il ne lui en faut, pour tous ses besoins intérieurs ou extérieurs, elle ne peut pas faire de son numéraire un emploi plus inutile à l'intérêt national, que d'acheter des marchandises de luxe, consommées sur le champ, et qui ne forment la matière d'aucune reproduction dans l'ordre du travail.

C'est sous ce point-de-vue, en effet, que se présentent les achats des François en Portugal. A l'exception de quelques parties de coton des Indes, de bois de teinture et de marqueterie, qui serviront d'aliment à nos fabriques et à nos arts, le surplus ne consiste plus qu'en objets de luxe, comme toiles fines de coton des Indes, ou en commestibles d'un rafinement du goût le plus délicat, tels qu'épiceries et vins de liqueurs.

On peut opposer que d'après ce dernier système, la consommation faite de nos boissons et de nos comestibles rendroit donc de semblables échanges infructueux, pour les nations qui se les procurent : mais cette conséquence n'est pas applicable aux subsistances de premiere nécessité, qui donnent de l'activité et du ressort aux organes de l'homme qui en use modérément. Ce dernier genre de consommation produit véritablement de nouveaux élémens du travail, en augmentant les forces et les moyens de puissance de la machine humaine. Quant aux comestibles de l'espèce de ceux importés du Portugal, destinés pour les tables somptueuses des riches, tout ce que l'on peut en espérer c'est que la jouissance n'attaque pas la santé.

Il me semble qu'il en est d'une nation comme d'un particulier; lorsque l'on veut connoître si celui-ci a fait un bon emploi de son argent, on cherche à apprécier l'espèce de propriété ou de jouissance qu'il a acquise. D'un autre côté, la force d'une nation ne s'augmente qu'en multipliant les moyens d'occuper le peuple,

K 4

qu'en faisant naître le travail du travail même : seule disposition propre à diminuer les maux qui naissent de l'extrême inégalité dans la répartition des propriétés ; seul mode praticable pour arriver insensiblement au partage des terres. Cette force publique d'une nation, décroît toutes les fois qu'une grande partie consomme sans reproduire. On peut apprécier quelques degrés de sa position à cet égard, par l'analyse de son commerce extérieur. Celui de la France avec le Portugal ayant ce dernier caractère, de procurer les moyens de consommer sans reproduire, me paroît véritablement désavantageux. Ce désavantage, je le répète, ne résulte pas de ce que la nation françoise est obligée de solder en argent, mais de ce qu'obligée de solder en argent, elle ne retire pas un plus grand profit, de l'application qu'elle fait de l'agent universel de la reproduction.

# CHAPITRE TROISIEME.

*Commerce avec l'Italie, le Piémont, la
Savoye et la Suisse.*

LE nom de l'Italie, dans quelque sens
qu'on le prononce, réveille également des
idées de grandeur. Par rapport au commerce, on se rappelle la puissance maritime de Vénise et de Gènes ; leurs richesses et leurs liaisons étendues en Asie, en
Afrique et même en Europe, avant la
découverte du cap de Bonne-Espérance.
On se retrace le beau siècle, et la gloire
des Médicis, et celle de Florence leur
patrie ; enfin on s'extasie devant le climat
le plus pur, et le sol le plus fertile de
l'Europe.

La contiguité de la Savoye et du Piémont près de la France et de l'Italie ; les
communications faciles et enchevêtrées
résultantes de leur situation limitrophe

de la Suisse , sont des circonstances qui se réunissent pour considérer sous un points de vue collectif , le commerce de toute l'Italie et des Treize-Cantons avec la France , pendant les deux époques mises en parallèle.

Les importations de toutes ces contrées s'élevoient à la fin du règne de Louis XIV, à la somme de 10 millions 700 mille livres (1). Au moment de la révolution elles montent à 82 millions (2). Cette augmentation est dans la proportion d'*un* à *huit* environ.

Les trois classes qui divisent ces importations, sont ; 1°. les marchandises manufacturées , fabriquées et ouvragées, pour 16 millions 300 mille livres , telles que les rubans de soie de Padoue, les crépons de Boulogne, les étoffes et velours de soie de Gênes et de Florence , et plus

_______________

(1) Pièces justificatives : tableau , numéro premier , lettre A.

(2) *Idem.* Tableau , numéro premier , lettre C.

particulèrement les toiles de coton blanches ou peintes des fabriques de Suisse; 2°. les matières brutes pour 37 millions 400 mille livres, dont plus des deux tiers en soie; 3°. les comestibles du règne animal et végétal, pour la somme de 28 millions 300 mille livres, dont 11 millions 500 mille livres en huile d'olive employée en très-grande partie à la fabrication des savons.

Les exportations de France pour toutes ces contrées, s'élevoient à la fin du règne de Louis XIV, à 23 millions 100 mille livres (1). Au moment de la révolution, elles montent à 78 millions 300 mille livres (2). L'augmentation est dans la proportion d'un à trois et demi environ.

Ces exportations peuvent se diviser en cinq classes bien distinctes; 1°. les marchandises manufacturées, fabriquées et ouvragées, pour la valeur de 30 millions 800 mille livres; 2°. les matières brutes

----

(1) *Idem*. Tableau, numéro premier, lettre B.
(2) *Idem*. Tableau, numéro premier, lettre D.

et celles qui ont reçu une première préparation , comme le coton filé, destiné particulièrement pour la Suisse, le tout formant une valeur de 11 millions 800 mille livres; 3°. les comestibles des règnes animal, végétal et minéral , pour 10 millions 700 mille livres, environ ; 4°. les boissons en vins et eaux-de-vie, pour une valeur de 5 millions ; 5°. enfin les denrées des Isles françoises de l'Amérique , pour une somme de 20 millions.

Il paroît que par l'événement de ce commerce , la France doit verser une somme de 3 millions 600 mille livres , pour la balance en argent formant le solde des échanges respectifs. Ce solde à payer par la France , paroîtroit bien plus considérable si on considéroit ses rapports de commerce séparément vis-à-vis quelques puissances d'Italie, et notamment à l'égard des Deux-Siciles qui tirent beaucoup moins de nos marchandises qu'elles ne nous en fournissent, en laine, soie et huile : mais les relations de la France avec les duchés de Milan et de Toscane, forment une espèce de compensation, attendu que nos ventes y sont beaucoup plus abondantes, soit en objets manufacturés, soit en café et sucre.

EN général, le commerce de la nation françoise dans toutes ces contrées, est très-avantageux : elle échange contre des matières-brutes, les produits de son industrie, de son territoire et du sol de ses colonies. Si l'on se rappelle l'état physique de l'Italie, on jugera que la France ne paroît pas destinée à y faire un jour, un commerce beaucoup plus étendu : car les vins de cette contrée rivalisent avec ceux de France ; les étoffes de soie, quoique d'une autre qualité que les nôtres, peuvent fournir en grande partie au luxe des italiens ; leur climat constamment chaud, n'offre pas un ample débouché à nos étoffes de laine, et n'en présente aucun pour nos eaux-de-vie. Je ne vois que les denrées d'Amérique, qui pourroient trouver de plus nombreux consommateurs. Dans l'état actuel, il n'y a guères que les duchés de Milan et de Toscane, où les envois soient abondans. Les autres puissances n'en reçoivent pas ce qu'elles paroissent devoir en consommer. Elles sont vraisemblablement approvisionnées soit par l'Espagne, soit par l'Angleterre, soit par toute autre nation, qui retirent de semblables productions de leurs colonies dans les Indes occidentales.

On pourroit cependant ajouter, comme motif d'espérance à concevoir pour la France d'un commerce plus étendu en Italie, les ventes en poissons de pêche françoise, si nos pêcheries étoient plus florissantes, et si la Grande-Bretagne n'avoit pas encore à cet égard l'avantage sur la France. Au moment présent, les négocians françois envoient en Italie, pour environ un million de valeur en poisson, particulièrement en morue; mais eu égard aux habitudes religieuses des peuples de cette contrée, la consommation doit être infiniment plus considérable

Ces dernières observations ne s'appli-

quent pas à la Suisse. Cette république
est un excellent marché dans lequel la
France trouve d'amples débouchés évalués
à 20 millions environ, en marchandises
de son industrie, en produit de son territoire et du sol de ses colonies d'Amérique.
Entre les marchandises que la France reçoit abondamment des Treize-cantons, il
en est une qui rivalise avec une branche
précieuse des manufactures nationales :
ce sont les toiles de coton blanches ou
peintes. Depuis le dernier privilege obtenu en 1785, par la compagnie des Indes,
les toiles de Suisse ne pouvoient plus
être introduites ouvertement en France ;
mais avant cette époque même, elles
étoient soumises à un droit assez fort à
l'entrée du royaume, pour qu'on eût intérêt à éluder la représentation de partie
considérable de toiles peintes dans les
douanes frontières : ce qui jette de l'incer-
titude sur le résultat des échanges respectifs entre la France et la Suisse; mais différentes circonstances bien pesées, por-

tent à croire, qu'au moment de la révolution, la France dans ce commerce, n'a qu'une foible somme ou *balance en argent* à compter à la Suisse.

CHAPITRE

# CHAPITRE QUATRIEME.

## Commerce avec l'Angleterre, l'Ecosse et l'Irlande.

RIEN ne prouve mieux les avantages d'un bon gouvernement, et surtout l'excellence d'une constitution qui appelle tous les membres d'une nation à diriger eux - mêmes les sources de sa prospérité, soit activement, soit par une surveillance réfléchie, que la position actuelle de l'Angleterre, par rapport au commerce.

Les peuples des isles Cassitérides, ou Britanniques, vivoient encore dans un état sauvage, longtems après que les Gaulois furent civilisés. Aujourd'hui cependant, l'agriculture de l'Angleterre l'emporte de beaucoup sur celle de la France, et son commerce écrase le commerce françois, sous le poids de sa concurrence.

*Tome I.* L

A la fin du treizième siècle, tandis qu'en France Philippe-le-Bel défendoit l'exportation des laines, pour les conserver aux fabriques françoises, les rois de la Grande Bretagne avoient peine encore à abandonner l'impôt qu'ils levoient à leur profit, à la sortie des laines ; les Belges les enlevoient alors en échange des étoffes de leurs fabriques dont ils approvisionnoient l'Angleterre. Plus de deux siècles après, au commencement du seizième, les anglois ne connoissoient pas encore l'art de faire le savon (1), matière indispensable à toutes les manufactures d'étoffes et surtout aux fabriques de laine. Non-seulement il est prouvé que le savon étoit connu en France du tems de Charlemagne : mais il est également constant que les lainages d'Amiens, de Rheims, de Beauvais et d'Ar-

---

(1) « Le savon se fabriquoit à Marseille avant la
» conquête des Gaules par les Romains : les Marseil-
» lois le composoient d'après les *Celtes* ; mais sa per-
» fection n'étoit pas à comparer avec le savon d'au-
» jourd'hui ». ( Marseille ancienne et moderne , par
M. *Guys* ; page 31 ).

ras, étoient déja renommés dès les 13°. et 14. siècles ( 1 ). Par quelle fatalité la France a-t-elle donc perdu l'avantage de la priorité sur l'Angleterre, dans l'exercice de l'industrie ?

Soit que Colbert redoutât déja la concurrence des Anglois, aussi-bien que celle des Hollandois, dans les manufactures de laine ; soit qu'il craignît que ces derniers avec lesquels nous étions brouillés, n'en fissent passer les produits en France par la voie oblique de l'Angleterre, ce ministre doubla par le tarif de 1667, les droits d'entrée sur les lainages étrangers, quelqu'en fut l'origine.

Il paroît que cette conduite amena les Anglois à désirer dès 1669, un traité de commerce avec la France, et que le projet en fut communiqué aux principaux négocians du royaume ; mais il échoua,

______

( 1 ) Dissertation sur l'état du commerce en France, sous les rois de la première et de la seconde race. Mémoire sur l'état du commerce intérieur et extérieur de la France, depuis la première croisade jusqu'au règne de Louis XII. Et la richesse de la Hollande.

parce que Colbert réclama constamment une égale réciprocité (1).

Quoiqu'il en soit, en 1678, le parlement d'Angleterre prohiba le commerce avec la France. Jusques-là, les échanges avoient été faciles entre ces puissances, sauf le paiement des droits imposés respectivement par le tarif des deux nations. La liberté des communications fut rétablie sous le règne de Jacques II en 1685 : mais la France ayant doublé en 1687 les droits d'entrée sur les draps larges et sur les serges, Guillaume III usa de représailles et se plaignit dans sa déclaration de guerre en 1689, des droits excessifs par lesquels Louis XIV avoit arrêté l'importation des manufactures d'Angleterre dans ses états (2).

A la paix de Riswick, l'Angleterre ne diminua aucuns des droits excessifs qu'elle

---

(1) Recherches et considérations sur les finances de France, depuis 1595 jusqu'en 1721.

(2) Le négociant anglois, ou traduction libre du livre intitulé, *The British Merchant*, publié, pour la première fois, en 1713.

avoit imposés sur plusieurs de nos marchandises, et particulièrement sur nos vins : elle ne fut pas traitée plus favorablement par la France ; mais la Hollande en obtint des avantages particuliers, qui devoient être partagés indirectement par l'Angleterre. En effet les droits sur les étoffes de laine de Hollande étoient réduits à près de moitié, dans le tarif de 1699 : conséquemment à cette modération, celles d'Angleterre devoient nous être apportées sous le nom d'étoffe Hollandoise. On crut remédier à cet inconvénient, par le réglement du conseil de l'année 1701, qui prohiba tous les produits des manufactures de l'Angleterre , soit qu'ils vinssent en droiture, soit par entrepôt, dans d'autres états ; on y fixa sur quelques-unes de ses denrées des droits proportionnés au besoin que nous en avions.

Enfin en 1713, à la paix d'Utrecht, le ministère d'Angleterre crut faire une chose agréable à la nation Britannique que de profiter de cette circonstance pour nous lier par un traité de commerce et de navigation. La France, par les clauses de ce traité, accorda le rétablissement du tarif de 1664, et l'on n'en excepta que quatre espèces : les *étoffes de laine, le sucre, les poissons salés*, et les *productions de la baleine*, qui furent renvoyées à la discussion des commissaires particuliers. Un mois après, on regla ces quatre espèces sur le pied du tarif accordé en 1699, aux Hollandois : il étoit un peu plus fort que celui de 1664, mais bien plus modéré que celui de 1667.

La France refusa constamment aux Anglois la liberté d'introduire chez-elle les marchandises du Levant, et celles des Indes orientales. Elle demanda entre autres avantages, et les ministres proposèrent au parlement d'Angleterre dans un projet de bill, qu'il ne fût plus levé sur les marchandises de France, même les vins et les eaux-de-vie importés dans la Grande-Bretagne, que les mêmes droits qui seroient perçus sur les marchandises de même nature, importées en Angleterre

des autres pays de l'Europe ; que le parlement accordât révocatiou de la moitié
du droit additionnel de 8 liv. par tonneau,
sur les seuls vins de France , pour les
égaler aux vins de Portugal ; qu'il révo-
quât la prohibition à l'importation des
dentelles de fil, qui demeureroient sujettes
uniquemeut aux droits mis sur celles
venant des autres contrées de l'Europe ;
que le parlement supprimât pareillement
le droit de 25 liv. pour cent, imposé précédemment sur toutes autres sortes de
marchandises de France importées dans
la Grande-Bretagne , en sus de ce que
payoient les marchandises de même nature venant des autres pays étrangers ;
et ledit article fut projetté, sans aucune
restriction pour *les soyeries de France.* Ces
propositions furent violemment attaquées
et défendues par deux partis opposés ,
qui se formèrent à cette occasion en
Angleterre. La matière y fut lumineuse-
ment discutée , et le projet de bill sur
le traité de commerce entre la France

et l'Angleterre , fut définitivement rejetté (1).

TELLE étoit la position des choses entre les deux puissances , à la fin du règne de Louis XIV. A cette époque , les importations de l'Angleterre en France , montoient en *marchandises* à la somme de 13 millions 876 mille livres (2) ; savoir, 1°. pour 6 millions en lainage, cottonade, peaux apprêtées, clincailleries et autres articles manufacturés , fabriqués et ouvragés ; 2°. pour 4 millions 100 mille liv. de métaux, charbons et chevaux ; 3°. pour 3 millions 700 mille livres en comestibles des règnes végétal et animal.

On ne peut pas douter que les impor-

_______________

(1) Le négociant anglois, ou traduction libre du livre intitulé : *The British Merchant* , contenant divers mémoires sur le commerce de l'Angleterre avec la France , le Portugal et l'Espagne , publié , pour la première fois , en 1713 , à l'occasion du traité projetté entre la France et la Grande-Bretagne.

(2) Pièces justificatives : résultats , numéro 3, lettre A ; et tableau , numéro premier , lettre A.

tations de l'Angleterre en France, au moment de la révolution, et par l'influence du traité conclu au mois de septembre 1786, ne soient augmentées au-delà de toute proportion de ce qu'elles étoient à la fin du règne de Louis XIV. Mais avant de se livrer à ce rapprochement, il sera utile de placer ici la situation de notre commerce avec cette puissance, peu après la mort de Colbert. Ceci donnera lieu à une triple comparaison, d'où sortent toujours quelques points d'instruction.

Pendant l'année 1686, ainsi qu'on l'a vu précédemment, et sous le règne de Jacques II, la liberté absolue du commerce fut rétablie entre les nations françoise et britannique : alors, les importations de l'Angleterre en France montèrent à 18 millions environ, valeur actuelle (1); savoir, 1°. pour 8 millions 400 mille liv. de marchandises manufacturées, frabriquées et ouvragées ; 2°. pour 6 millions

_______

(1) Pièces justificatives : résultats, numéro 3, lettre A.

3oo mille livres de matières brutes ;
3°. pour 3 millions 2oo mille livres de
boissons et comestible des règnes animal
et végétal.

A la fin du règne de Louis XIV, les
exportations de la France pour l'Angleterre, s'élevoient à 8 millions (1) ; savoir,
1°. pour 12 cent mille livres en étoffes
de soie, toiles - batistes et dentelles ;
2°. pour 1 million en matières brutes,
cuirs, cochenille et indigo ; 3°. pour 5
millions 8oo mille livres en boissons et
comestibles des règnes végétal et animal.
Peu après la mort de Colbert en 1686,
les exportations de France pour l'Angleterre, montoient à la somme de 23 millions
3oo mille livres (2); savoir, 1°. en marchandises manufacturées, fabriquées et
ouvragées, pour la valeur de 11 millions
700 mille livres ; 2°. en matières brutes,
environ 2 millions ; 3°. en boissons et

_______________________

(1) Pièces justificatives : résultats, numéro 3,
lettre B ; et tableau, numéro premier, lettre B.

(2) Pièces justificatives : résultats, numéro 3,
lettre B.

comestibles des règnes animal et végétal,
pour 9 millions 600 mille livres.

On voit par ce rapprochement que le
commerce entre les deux nations françoise et britannique, étoit plus considérable peu après la mort de Colbert, qu'à
la fin du règne de Louis XIV ; et que
même la balance en argent étoit de plus
de 5 millions en faveur de la France,
tandis que cette balance se trouve être
de près de 6 millions, au désavantage de
la France, à la fin du règne de Louis XIV.
J'observerai que toutes les proportions
sont gardées dans ce parallèle ; car j'ai fait
entrer dans le résultat de 1716, époque
à laquelle nos relations étoient restreintes,
différentes évaluations sur le montant des
marchandises qui devoient former de part
et d'autre, objets de contrebande.

Le système commercial des deux peuples n'éprouva pas depuis cette époque,
jusqu'à la paix de 1783, de changemens
marqués. L'habitude qu'acquirent les négocians, d'exploiter un commerce géné
depuis long-tems par d'anciennes disposi-

tions prohibitives de leur gouvernement, jointe aux progrès du luxe et de la fortune publique dans les deux empires, avoient augmenté leur commerce au point qu'on calculoit qu'en 1784, seconde année après la signature de la paix, les importations d'Angleterre en France, et les exportations de France en Angleterre, s'élèvoient réciproquement, à une somme d'environ 24 millions (1).

Je dis *environ*, parce que cet apperçu étoit non-seulement le résultat de faits positifs constatés par le dépouillement des registres des douanes françoises, mais qu'il étoit encore le fruit de différentes combinaisons qui rendoient probable le montant dela contrebande

______

(1) Observations sur la lettre à la chambre du commerce de Normandie, en ce qui concerne les résultats formés dans le bureau de la balance du commerce, depuis le mois de mai, époque de l'exécution du traité entre la France et l'Angleterre, jusqu'au 31 décembre 1787 : comparaison de ce commerce avec celui pour semblable époque de l'année 1784.

angloise en France. Quant à celle de France en Angleterre, nos marchandises exportées étoient généralement connues, parce que favorisant autant qu'il est en nous la vente des produits de notre sol et de notre industrie, on n'avoit aucun intérêt à dissimuler à la sortie de France ces exportations. Il s'agissoit seulement d'augmenter les estimations trop foibles, et de comprendre l'objet du transport clandestin de quelques articles d'un petit volume, et d'un grand prix, comme *la bijouterie*, *la joyaillerie*, etc.

Toutes ces circonstances bien pesées, le commerce respectif entre la France et l'Angleterre, soit direct, soit oblique, pouvoit atteindre à peine la somme de 24 millions. On comptoit alors la contrebande angloise en France de 10 à 11 millions ; car le commerce d'importation connu ne s'élevoit qu'à environ 13 millions, tandis que nos exportations avouées par les livres des douanes s'élevoient à 21 millions, y compris l'embarcation des vins et des eaux-de-vie dans le port franc de Dunkerque. Cette dernière somme réunie à une évaluation de 3 millions pour fraude et fausse déclaration, donnoit définitivement une masse de ventes en Angleterre de 24 millions.

Soit qu'un semblable résultat, qui n'avoit rien d'allarmant pour notre commerce, fût méconnu du gouvernement françois, soit qu'il ne voulût pas y croire ; soit enfin qu'il désirât améliorer notre position ; il entreprit, pour ainsi-dire, de chercher aventure dans un traité de commerce. A cet effet, il renouvella, par son réglement du mois de juillet 1785, les anciennes prohibitions sur les marchandises étrangères, et particulièrement sur celles angloises. Cette disposition, maintenue d'ailleurs avec rigueur, amena, comme c'étoit l'objet (1), des proposi-

----

(1) Il paroît certain que le projet d'un traité de commerce fermentoit, depuis quelque tems, dans la tête des ministres françois et anglois. « J'ai les plus » fortes raisons de croire, dit M. Dupont, que sa 'perspective a hâté la conclusion de la paix d'une

tions d'un traité, de la part de l'Angleterre. Ce traité fut en effet, conclu pour
douze années , au mois de septembre
1786 , et l'exécution commença au 10
mai 1787.

Cet état de choses qui subsiste au moment de la révolution , a considérable-
ment augmenté les importations de l'Angleterre. Elles s'élèvent , pour cette dernière époque à 58 millions 500 mille liv.
en *marchandises* , ( 1 ) sous trois classes.
1°. Les marchandises manufacturées , fa-

---

» année ou deux ». (Lettre à la chambre du commerce de Normandie , page 74).

Si c'étoit un desir pour l'Angleterre , c'étoit
une sorte de fièvre pour le gouvernement françois , puisqu'il en provoqua l'exécution par toute sorte
de dispositions réglementaires , qu'il en précipita la
conclusion en silence , et qu'il consentit aux sacrifices
d'une égale réciprocité ; conduite d'ailleurs diamétra-
lement contraire à celles suivies par Colbert en 1669,
et par notre ministère en 1715 ; deux époques qui
virent naître aussi des propositions de traité de commerce.

( 1 ) Pièces justificatives : résultats , numéro 3 ,
lettre A ; et tableau , numéro premier , lettre C.

briquées et ouvragées pour 33 millions 100 mille liv. ; 2°. Les matières brutes, particulièrement en métaux et charbons pour 16 millions 400 mille livres ; 3°. Les boissons et comestibles des règnes animal et végétal pour 9 millions. Comme l'on voit, les importations ont plus que doublé depuis le traité. L'année 1788 offre encore une progression plus considérable, puisque l'universalité des ventes de l'Angleterre en France, s'est élevée en marchandises, à 63 millions. Enfin l'année 1789 présente encore une masse d'importations de 58 millions.

J'observerai cependant, que les ventes des deux dernières années annoncent des diminutions dans le versement en France des objets manufacturés, fabriqués et ouvragés, en Angleterre. La valeur qui est de 33 millions en 1787, n'est plus que de 27 millions en 1788, et seulement de 23 millions en 1789 ; mais la moindre de ces sommes est encore de beaucoup supérieure à celle composant les ventes de cette nature, avant le traité,

qui,

qui, la contrebande évaluée, ne pouvoit surpasser la valeur de 16 millions.

Au surplus, le commerce d'importation de la Grande-Bretagne en France, n'a été aussi considérable en masse, la seconde et la troisième années du traité, que parce que d'abord en 1788, cette puissance nous a fourni de fortes parties de bois de construction, de métaux, de charbons de terre, alimens des forges et des atteliers, outre des quantités de beurre et de chairs salées, article de consommation pour le commerce maritime ou colonial : ensuite, en 1789, les achats considérables de farines, de grains et légumes faits en Angleterre, pour une somme de 18 millions, ont influé beaucoup sur la masse totale des 58 millions de valeur montant des importations de cette dernière époque.

Quant aux exportations de France pour l'Angleterre, elles sont au moment de la révolution, un objet de 38 millions de valeurs (1), et peuvent être divisées

_______________

(1) Pièces justificatives, résultats, numéro 3, lettre B; et tableau, numéro premier, lettre D.

*Tome I.* M

en quatre classes : 1°. les marchandises manufacturées, fabriquées et ouvragées pour 7 millions 300 mille livres ; 2°. les matières brutes, pour 11 millions 100 mille livres, dont près des deux tiers en cotons de nos isles d'Amérique ; 3°. les boissons en vins et eaux-de-vie, pour 13 millions 500 mille livres ; 4°. les comestibles des règnes animal, végétal et minéral, pour la somme de 5 millions 500 mille livres. En partant de ce résultat, notre commerce d'exportation en Angleterre, s'est donc accru tout au plus de moitié de ce qu'il étoit avant le traité ; tandis que celui d'importation de la Grande-Bretagne en France, est beaucoup plus que doublé.

Pour completter tous les renseignemens que l'importance de la question du plus ou moins d'utilité retirée jusqu'à présent, par la nation françoise, du traité de commerce, oblige à livrer à la discussion publique, il faut y joindre quelques apperçus généraux de nos exportations, dans les seconde et troisième années du traité.

Nos ventes en Angleterre pendant 1788, se sont élevées à environ 34 millions ; savoir : 1°. pour 9 millions 500 mille livres de marchandises manufacturées, fabriquées et ouvragées ; 2°. pour 6 millions 500 mille livres de matières brutes, dont près des deux tiers en cotons de nos isles ; 3°. pour 13 millions 500 mille livres en vins et eaux-de-vie ; 4°. pour 4 millions en comestibles des règnes animal, végétal et minéral.

En 1789, nos exportations pour la Grande-Bretagne, montent à 36 millions environ ; savoir : 1°. pour 9 millions 800 mille livres de marchandises manufacturées, fabriquées et ouvragées ; 2°. pour 10 millions 800 mille livres de matières brutes, dont près des deux tiers en cotons de nos isles d'Amérique ; 3°. pour 13 millions 300 mille livres en vins et eaux-de-vie ; 4°. pour 16 cent mille livres de comestibles des règnes animal, végétal et minéral.

Avant le traité, époque à laquelle nos ventes s'élevoient à 24 millions, nous exportions en Angleterre, pour 9 millions de marchandises manufacturées, fabriquées et ouvragées; pour 2 millions 200 mille livres de matières brutes, dont environ le tiers en coton de nos isles; pour 10 millions de boissons en vins et eaux-de-vie; enfin pour 2 millions 800 mille livres de comestibles, des règnes animal, végétal et minéral.

Les avantages de ce pacte consistent donc pour la France, à obtenir jusqu'à présent, une bien foible augmentation dans le débouché du produit de ses manufactures, et dans ses ventes en vins et eaux-de-vie. Encore à l'égard de ce dernier article, l'accroissement est composé en partie d'eaux-de-vie de grains de Hollande, et d'eaux-de-vie de vins d'Espagne, réexportées en Angleterre par la voie de Dunkerque, Boulogne et Calais. Enfin un autre avantage, si ce dernier en est un, se trouve dans la vente de quantités considérables de coton, produits du sol des isles françoises de l'Amérique, matières brutes que l'Angleterre nous revend ensuite, avec d'énormes profits pour elle, fabriquées en cotonnade.

Le premier préjudice qu'éprouve jusqu'à présent la France, du traité de commerce, consiste à se voir inondée des produits de l'industrie angloise, qui y viennent chercher les riches consommateurs des marchandises de luxe ou de fantaisie, tandis qu'en France, des milliers de bras de la classe la plus nombreuse et la plus indigente manquent de travail, ce qui prive le peuple de tous moyens de subsistance.

Second préjudice. En étendant les communications entre les deux nations, l'Angleterre dont le commerce prime par tout le globe, se substitue aux autres peuples, pour approvisionner la France des articles dont la consommation y est établie, et leur donne en échange ses propres marchandises, en se faisant de son côté solder en argent par la France: de sorte que cette dernière puissance voit diminuer son commerce direct, et le débouché des produits de son sol et de son industrie dans les marchés européens.

Troisième préjudice. L'Angleterre en tenant entrepôt continuel et bien assorti dans le royaume des marchandises des manufactures de la Grande-Bretagne, facilite les envois qu'on peut en faire dans les pays étrangers, et nuit encore, par ce moyen, aux fabriques françoises qui se trouvent d'ailleurs d'autant moins capables de soutenir la concurrence, à mesure qu'elles voient diminuer leurs débouchés, soit intérieurs, soit extérieurs, parce que le défaut de rentrées de fonds, amène pour les fabriques, disette de capitaux, premiers élémens de toute exploitation.

Quatrième préjudice. L'Angleterre se procure annuellement, la disposition d'une *balance en argent* qui, pour trois ans, paroît s'élever au plus bas à 50 millions, sans y comprendre l'achat des grains, circonstance séparée des effets du traité.

Je pense qu'on appellera ce solde à

payer par la France, *une balance défavorable* ; car une nation ne peut pas plus mal diriger l'agent universel de la reproduction, qu'en acquérant, par l'écoulement de son numéraire, les moyens de nuire à son industrie, et la faculté de détacher la classe riche ou aisée des propriétaires régnicoles, de la classe nombreuse et indigente du peuple ; au lieu de faire ensorte d'appliquer ses capitaux à la vivification de son commerce intérieur, qui ne reçoit jamais tant d'extension, que lorsque le producteur et le consommateur vivent très-rapprochés, et demeurent en quelque sorte *porte-à-porte.* Cet échange du travail du peuple contre des particules de la propriété des riches, constitue la force d'une nation à territoire étendu, en dirigeant une grande population vers un centre de rapports communs, d'où naît et se fortifie l'intérêt public, ou l'amour de la patrie.

# CHAPITRE CINQUIEME.

## Commerce avec la Hollande.

QUELLES espérances ne peut-on pas concevoir sur la prospérité future de l'empire françois, quand on se rappelle tout ce que la liberté a inspiré d'efforts, et procuré de succès aux Hollandois ! De misérables pêcheurs secouent le joug du plus puissant monarque de l'Europe; ils obtiennent l'empire des mers, et deviennent des potentats d'Asie. Je ne souhaite pas de semblables destinées à ma patrie ; mais je me flatte qu'elle en remplira de plus heureuses, pour le bonheur de l'espèce humaine, si embrasée du feu de la liberté et du patriotisme, elle féconde encore tous les avantages naturels qu'elle possède par un esprit de prudence, de justice et d'humanité.

Les Hollandois et les François étoient

unis par un traité de commerce, dès le
treizième siècle ; et sur la fin du quatorzième, les états de Hollande adressèrent
des remontrances à Charles V, dans lesquelles ils faisoient valoir qu'ils se pour-
voyoient en France de sel, de vins, de
draps et autres marchandises (1).

Ces peuples ont toujours eu la bonne
politique d'appuyer de faits, la demande
de faveurs pour l'exercice de leur commerce en France. L'ambassadeur Boreel,
sollicitant au nom de la république, le
renouvellement des anciens traités, remit
à la cour de France, en 1658, un état
détaillé des marchandises que les Hollandois embarquoient dans nos ports. Il
en résulte qu'à cette époque, nos exportations pour la Hollande, s'élevoient à
72 millions valeur actuelle (2); savoir:
1°. en marchandises manufacturées, fabriquées et ouvragées, la valeur de 52

_______________

(1) La richesse de la Hollande.

(2) Pièces justificatives : résultats, numéro 3,
lettre C.

millions; 2°. en matières brutes, celle de 3 millions; 3°. en boissons et comestibles, des règnes animal, végétal et minéral, pour la somme de 17 millions. Ce commerce paroît immense pour le temps, et sur-tout, en le raprochant de nos exportations actuelles, qui ne vont pas à plus de 46 millions; mais il faut observer que les Hollandois, en 1658, étoient presque les seuls navigateurs qui exploitassent le commerce de France, pour en distribuer les productions, soit en Allemagne, soit dans les contrées du Nord, qui, depuis cette époque, ont amélioré l'état de leur marine, au moyen de laquelle, ces navigateurs fréquentent nos ports, et commercent directement avec la France.

Cette dépendance dans laquelle nous étions des Hollandois, força à renouveller en 1662, les anciens traités avec cette république. Colbert continua même de les favoriser par son tarif de 1664; mais en 1667, il haussa les droits d'entrée sur toutes les marchandises qu'il ne nous convenoit pas de recevoir. Les Hollandois, en 1671, défendirent par représailles l'entrée des vins et des produits des manufactures de France. Colbert prit alors des mesures, pour diminuer les fâcheuses influences que pouvoit avoir la cessation subite du commerce de la France avec la Hollande, dans un temps, où nous n'avions pas de navigation marchande assez étendue, pour nous livrer au transport de nos denrées : ces mesures consistèrent à favoriser l'arrivée dans nos ports, des Hambourgeois, des Danois, et des Suédois. Tout rentra dans l'ordre accoutumé, par la paix de Nimègue, en 1678, époque à laquelle le tarif de 1667, fut révoqué ; ce qui rendit aux Hollandois leur première supériorité sur nos navigateurs et nos manufacturiers.

Les inimitiés de Guillaume III, et de Louis XIV, devoient bientôt attirer de nouvelles calamités sur l'industrie des deux peuples. L'orgueil de Louis ne se laissa pas prévenir par la haine de Guillaume, qui liguoit à Ausbourg toute l'Europe contre la France. Les prohibitions sur les produits des manufactures hollandoises, furent donc prononcées de nouveau en 1688, et la Hollande y répondit par la défense de recevoir, dans ses ports nos vins et nos eaux-de-vie.

Ces vengeances destructives de l'industrie furent suspendues par la paix de Riswick, qui procura aux Hollandois le tarif de 1699, très-favorable à leurs manufactures et à leur navigation, et qui tenoit un milieu entre ceux de 1664 et de 1667. La guerre de la succession espagnole rompit encore les communications respectives, et la liberté des échanges ne fut rétablie qu'en 1713, à la paix d'Utrecht (1).

Tant de vexations exercées sur le commerce, de la part des chefs des deux nations, et presque à l'envi, dans l'espace d'un demi-siècle, avoient dû nécessairement diminuer les relations des peu-

_________________

(2) Recherches et considérations sur les finances de France.

ples françois et hollandois. En effet, à la fin du règne de Louis XIV, nos exportations pour la Hollande, paroissoient affoiblies de plus de moitié de ce qu'elles étoient quelques années avant le ministère de Colbert. Ce ne fut pas cependant une perte totale pour les François, puisque les navigateurs du Nord se partagèrent la dépouille des Hollandois, dans le transport de nos denrées.

Quoiqu'il en soit, nos exportations en Hollande s'élevoient encore à la fin du règne de Louis XIV, à 30 millions 700 mille livres (1), en trois classes; 1°. pour 2 millions 300 mille livres de marchandises manufacturées, fabriquées et ouvragées; 2°. pour 6 millions de matières brutes; 3°. pour 22 millions 300 mille livres en boissons et comestibles des règnes animal, végétal et minéral, et en sucre d'Amérique et café du Levant.

_______________

(1) Pièces justificatives : résultats, numéro 3, lettre C; et tableau, numéro premier, lettre B.

Au moment de la révolution, nos exportations pour la Hollande montent à environ 46 millions (1), en cinq classes ; 1°. pour 6 millions 900 mille livres de marchandises manufacturées, fabriquées et ouvragées ; 2°. pour 7 millions 100 mille livres de matières brutes ; 3°. pour 3 millions 200 mille livres de boissons en vins et eaux-de-vie ; 4°. pour 23 millions de denrées d'Amérique, particulièrement en sucre et café ; 5°. enfin, pour 5 millions 600 mille livres de comestibles des règnes animal, végétal et minéral.

Les importations de la Hollande en France, s'élevoient, à la fin du règne de Louis XIV, à la somme de 12 millions (2), savoir : 1°. pour 2 millions 500 mille livres de marchandises manufacturées, fabriquées et ouvragées ; 2°. pour 4 millions 700 mille livres de matières brutes et ouvragées ; 3°. pour 4 millions 800 mille

---

(1) Pièces justificatives : résultats, numéro 3, lettre C ; et tableau, numéro premier, lettre D.

(2) *Idem.* Tableau, numéro premier, lettre A.

livres de comestibles des règnes animal et végétal.

. Au moment de la révolution, ces importations montent à 33 millions 100 mille livres (1), savoir: 1°. pour 5 millions 300 mille livres de marchandises manufacturées, fabriquées et ouvragées ; 2°. pour 15 millions de matières brutes ; 3°. pour 12 millions 800 mille livres de comestibles et boissons.

Il résulte de tous ces rapprochemens que le commerce des deux nations françoise et hollandoise, a augmenté assez sensiblement depuis 72 ans ; mais les achats que nous faisons actuellement en Hollande, sont de près de deux tiers plus considérables que ceux existant à la fin du règne de Louis XIV. Cette circonstance n'est pas un désavantage pour la France, qui ayant fondé, depuis cette

_________________

(1) Pièces justificatives : tableau, N°. premier, lettre C.

époque, une marine marchande très-im-
portante, par le secours de ses colonies
d'Amérique, a besoin de toutes les marchandises navales dont la Hollande est
l'entrepôt de l'Europe le mieux assorti.

D'un autre côté, nos exportations ne
présentent qu'une augmentation pour la
dernière époque, de moitié en sus de la
masse constatée à la fin du règne de
Louis XIV ; mais il faut se rappeller que
la Hollande n'étant qu'intermédiaire entre
la France et les consommateurs du Nord,
qui recherchent les ouvrages de notre
industrie, ou les produits de notre territoire et du sol de nos colonies, il nous
est favorable que cette république n'exploite plus exclusivement le commerce
françois. Les ventes de la nation françoise, par voie intermédiaire, la privent
de tous les bénéfices de transport, de
commission ou d'entrepôt.

Au surplus, quoique la France ne soit
plus aujourd'hui dans la dépendance servile de la Hollande, il s'en faut bien que
notre navigation profite de toutes les pertes

tes faites à cet égard par les Hollandois. On verra, lorsqu'il sera question du commerce avec les villes anséatiques de Hambourg, Breme, Dantzick et Lubeck, quels avantages obtiennent les navigateurs de ces villes libres, sur les navigateurs françois, dans le voiturage maritime des masses énormes de denrées d'Amérique.

Quoiqu'il en soit, on a vu, par l'analyse des branches principales d'importation et d'exportation, que la France fait un commerce très-avantageux avec la Hollande qui nous fournit d'amples provisions de matières brutes et de marchandises navales, et qui reçoit d'importantes cargaisons en ouvrages manufacturés, et en produit du territoire de la France et de ses colonies. J'ajouterai que tous ces élémens d'activité et de travail obtenus, la république nous paye encor une *balance en argent*, deplus de 12 millions, somme qu'elle se procure des consommateurs du Nord, outre ce qu'elle en retire elle-même, soit pour ses avances, soit pour les profits de sa navigation, les droits de douanes des Provinces-Unies, les frais d'entrepôt et les bénéfices des vastes spéculations de ses négocians.

# CHAPITRE SIXIEME.

*Commerce avec l'Allemagne, les possessions autrichiennes dans cette contrée et en Flandres, la Pologne et les Etats du roi de Prusse.*

La constitution politique des peuples de cette partie de l'Europe, a fait valoir, jusqu'à présent, autant qu'il est possible, l'industrie françoise. Dominés par une multitude de souverains, formant le corps germanique, ou composant la république aristocratique de Pologne, ces peuples sont surchargés d'impôts ou de redevances, pour alimenter le luxe dont se tourmentent à l'envî, tous ces princes ecclésiastiques ou séculiers.

A la fin du règne de Louis XIV, les importations de toutes ces contrées, en France, s'élevoient à la somme de 9 mil.

N 2

lions (1), en trois classes principales ; 1°. pour 3 millions 700 mille livres de marchandises manufacturées, fabriquées et ouvragées ; 2°. pour 3 millions de matières brutes ; 3°. pour 2 millions 300 mille liv. de boissons et comestibles des règnes animal et végétal.

Au moment de la révolution, ces importations montent à une somme de 64 millions (2); savoir : 1°. pour environ 31 millions de marchandises manufacturées, fabriquées et ouvragées, particulièrement en toiles et dentelles de Flandre, et en rubans de fil, mercerie et clinquaillerie d'Allemagne ; 2°. pour 19 millions de matières brutes, et notamment en charbon du Hainault autrichien, en lin, fil de chanvre et de lin de Flandre, en laine, chanvre, cuivre, laiton et potasse d'Allemagne, de Pologne et de Prusse ; 3°. pour 13 millions 700 mille livres en comestibles

______

(1) Pièces justificatives. Tableau, numéro premier, lettre A.

(2) *Idem.* Tableau, numéro premier, lettre C.

des règnes animal et végétal , principalement en bestiaux de Flandres et d'Allemagne.

Les exportations de la France , pour
toutes ces contrées , formoient à la fin
du règne de Louis XIV une somme de
14 millions 100 mille livres (1) en trois
classes ; 1°. pour 5 millions 100 mille
livres d'objets manufacturés, fabriqués et
ouvragés ; 2°. pour 2 millions de matières
brutes ; 3°. pour 7 millions de boissons et
comestibles des règnes animal, végétal et
minéral.

Au moment de la révolution , nos
exportations montent à la somme de 95
millions 600 mille livres (2), et sont susceptibles d'être divisées en cinq classes ;
1°. pour 39 millions 100 mille liv. de marchandises manufacturées , fabriquées et
ouvragées , particulièrement en étoffes
de soie et enrichies d'or et d'argent ,

_______________

(1) Pièces justificatives. Tableau, numéro premier,
lettre B.

(2) *Idem.* Tableau , numéro premier, lettre D.

N 3

pour les souverainetés ou principautés de l'Allemagne et de la Pologne ; en linons et étoffes de laine , pour les possessions héréditaires de la maison d'Autriche, en Allemagne et en Flandre ; 2°. pour 12 millions 900 mille livres en matières brutes, dont les principaux objets, laine et charbon, sont de réexportation pour la Flandre autrichienne et l'Allemagne ; 3°. pour plus de 10 millions en boissons, vins , et eaux-de-vie pour la Flandre, l'Allemagne , la Pologne et la Prusse ; 4°. pour 22 millions de denrées d'Amérique, en sucre et en café , destinés pour les états de la maison d'Autriche en Flandre et en Allemagne , et les ports appartenans au roi de Prusse , à l'entrée de la mer Baltique ; 5°. enfin, pour 11 millions de comestibles des règnes animal, végétal et minéral, à la destination de la Flandre et de l'Allemagne.

Il résulte de cette analyse , que de tout le commerce qu'exerce la France dans ces contrées, celui avec les souve-

rainetés de l'Allemagne, et les principautés de la Pologne, est le plus avantageux pour nous. Non-seulement nous
échangeons un grand produit de l'industrie françoise, contre une masse de métaux et autres matières brutes, qui doivent
devenir de nouveaux élémens du travail;
mais nous obtenons encore une balance
considérable en argent, qui peut-être ne
s'élève pas à moins de 20 à 25 millions.

J'estime à cette somme la seule balance
à recevoir par la France, des princes de
l'Allemagne, de la Pologne et des possessions de la maison d'Autriche; quoique
le résultat de notre commerce dans toutes
ces contrées, y compris les états du roi
de Prusse, offre un solde en notre faveur
de 31 millions 600 mille livres. En effet,
il y a tout lieu de penser que la Prusse qui
augmente journellement sa navigation de
toutes les pertes de Dantzick, n'est qu'intermédiaire entre la France et l'Allemagne dans l'approvisionnement de celle-ci
en denrées de nos colonies, et en vins de

notre territoire dont elle reçoit directement des quantités bien inférieures à ce que doit être sa consommation. Les Prussiens au contraire en enlèvent dans nos ports des quantités au-delà de ce que paroissent exiger leurs besoins. Cela posé, quoique dans les détails, l'événement de notre commerce avec les états du roi de Prusse présente une balance en argent pour la France, d'environ 6 millions, on peut penser avec fondement que ce sont les consommateurs de l'Allemagne et de la Pologne qui en font définitivement la dépense.

Quant aux possessions héréditaires de la maison d'Autriche en Flandre et en Allemagne, il est vrai-semblable que les échanges respectifs sont compensés, quoique le résultat apparent soit de nous obliger à payer une balance d'un ou deux millions; car il faut observer que Joseph II, avide de toute espèce de succès, avoit repoussé par des prohibitions rigoureuses et multipliées, les produits de l'industrie étrangère. Le commerce françois a dû en conséquence, dans ces derniers tems, prendre une voie oblique et détournée, pour approvisionner les consommateurs autrichiens. Dans ce cas, quelques parties de nos ouvrages, sortant pour cette destination, se trouveroient confondues avec les assortimens de même nature, expédiés directement et vaguement pour toute l'Allemagne.

Cette dernière circonstance peut donc donner lieu de penser que la France et la maison d'Autriche font en Flandre et en Allemagne un commerce d'une valeur à peu-près égale. A la vérité, la puissance autrichienne a dans les toiles de Flandre les moyens de se procurer sur nous une créance considérable, au moins de 12 millions; mais si la France n'a pas une semblable masse d'articles manufacturés à opposer à l'Autriche, elle établit en partie la balance, par des fournitures en vins et eaux-de-vie, et par l'approvisionnement de plus de 15 millions, en denrées du sol

de ses isles d'Amérique. Cependant il faut
en convenir : la balance ou l'avantage de
l'industrie, dans ce commerce, est en faveur des possessions autrichiennes en
Flandre et en Allemagne.

# CHAPITRE SEPTIEME.

*Commerce du Nord qui compreud celui avec les villes anséatiques d'Hambourg, de Bremen, de Lubeck et de Dantzick, ainsi que nos relations avec le Dannemarck, la Suède et la Russie.*

LES François qui ont été devancés par la plus grande partie des peuples maritimes de l'Europe, dans les progrès et les découvertes qu'a amené une heureuse et hardie navigation, n'ont jamais fait un commerce bien actif dans le Nord.

On sait que dans le quinzième siècle, plusieurs villes maritimes de France, s'associèrent à la hanse teutonique formée dès le douzième siècle ; mais cette association étoit plutôt une protection sollicitée, en s'unissant à des alliés puissans, pour soutenir les essais d'un commerce

lointain, qu'une preuve de navigation
françoise déja étendue à cette époque.

Les tentatives ont été fréquentes pour
fonder en France un commerce du Nord.
Le Cardinal de Richélieu essaya de nous
procurer en 1626, un commerce en Russie, et fit à cet effet un traité avec le czar
Michel (1). Colbert, en 1669, créa une compagnie du nord, qui devoit faire pendant
20 ans le commerce de Zélande, de Hollande, des côtes d'Allemagne, du Dannemarck, de la mer Baltique, de Suede,
de Norvege et de Moscovie. Cette compagnie n'eut aucun succès, malgré les
encouragemens du gouvernement (2).
Les liaisons de commerce qui se fortifièrent entre la France et les villes anséatiques, pendant les interruptions de la
navigation Hollandoise dans nos ports,
conduisirent à encourager les communications par différentes stipulations con-

---

(1) Recherches et considération sur les finances de
France.

(2) *Idem.*

signées dans un traité de commerce et de navigation conclu en 1716, entre sa majesté très-chrétienne et les villes de Brémen, Hambourg et Lubeck. Ce traité fut renouvellé pour 20 ans, en 1769, avec les Hambourgeois.

Les démarches faites par la France et les obstacles qu'elle reconcontra pour fonder par des traités un commerce direct en Russie, entraînèrent des négociations multipliées  et long-tems infructueuses. Les Anglois qui avoient découvert le port d'Arcangel vers le milieu du seizième siècle, étoient déja maîtres de tout le commerce de l'empire Russe, au tems où le cardinal de Richelieu et le czar Michel établissoient des liaisons maritimes entre deux peuples qui n'avoient point de navigation extérieure : aussi les Anglois ne jalousèrent-ils pas une semblable convention; mais ils ne furent pas sans inquiétude, lorsqu'ils virent les ouvertures faites par Pierre I. au régent de France, pour établir un commerce direct entre les nations françoise et russe. Leurs craintes et nos espérances s'évanouirent par la mort de ce prince. Le ministère françois n'abandonna pas le projet conçu ; il attendoit l'occasion favorable de le poursuivre, lorsque la guerre de 1733 la fit disparoître.

En 1741, l'avénement d'Elisabeth au thrône parut propre à renouer les négociations de commerce. Mais le comte de Bestuchef qui étoit à la tête de l'administration, et qui entretenoit secrettement des liaisons avec les cours de Vienne et de Londres, étouffa par ses intrigues le penchant naturel de cette souveraine pour la France. La disgrace de ce ministre opéra une révolution dans les principes de la cour de Russie. Pour profiter de ses bonnes dispositions, celle de France envoya un consul à Pétersbourg. L'achat des tabacs de l'Ukraine fut le premier moyen mis en usage pour établir la confiance auprès du gouvernement russe et amener une convention définitive. Les Anglois redoublerent d'efforts pourtraverser cette négociation. Ils offrirent même d'a-

cheter une marchandise qu'il leur étoit
impossible de consommer. Tant d'obstacles et de difficultés, réunis à la circonstance de la mort d'Elisabeth, firent perdre l'espérance de voir jamais la France
et la Russie rapprochées par des liaisons
directes commerciales (1). Cependant, ces
deux puissances s'unirent enfin par le
traité de commerce et de navigation, conclu en 1787 pour douze années.

La France n'a pas été plus heureuse
dans ses liaisons commerciales avec le
Dannemarck. Malgré notre traité du
mois d'août 1742, et au mépris des dispositions qu'il contient, cette puissance,
par son tarif des douanes de 1768, la
loi dite *indigenat* de 1776, et la loi somp-
tuaire de 1783, a prohibé chez elle la majeure partie des productions de notre sol
ou de notre industrie ; et les denrées que
leurs besoins leur rendent indispensables,
sont chargé de si gros droits à l'entrée,

_____________________________________

(1) Histoire du commerce de la Russie, par
M. *le Clerc.*

qu'ils équivalent presque à une prohibition.

Quant à la Suède, nos communications commerciales directes ne sont pas plus étendues, malgré l'ancienne amitié qui subsiste entre les deux empires. Il existe même entre eux un traité de commerce du mois d'avril 1741, et une convention confirmative du mois de juillet 1784, portant concession à la France de l'entrepôt de Gothembourg, pour son commerce et sa navigation, et cession à la Suède par forme de compensation de l'isle de Saint-Barthelemi, aux Indes occidentales.

Une dernière disposition, prise par le gouvernement françois, pour encourager le commerce du Nord, date depuis la paix de 1783. Le réglement du conseil du mois de septembre 1784, accorde l'exemption de tous droits de sortie, pour les approvisionnemens de bouche, nécessaires à l'armement des vaisseaux destinés à ce commerce; il admet à l'entrepôt pendant six mois, dans les ports de France, les

marchandises

marchandises du Nord, apportées par les vaisseaux françois, avec faculté d'être réexportées par mer, sans payer aucun droit; enfin, il fixe différentes primes payables pendant quatre ans, à raison du tonnage des bâtimens expédiés, soit pour la mer Baltique, soit pour la mer d'Allemagne, ou la mer du Nord (1).

Quels furent donc les degrés de succès obtenus à différentes époques de tant de dispositions pour fonder un commerce françois dans le Nord ?

A la fin du règne de Louis XIV, les importations de toutes les puissances et contrées du Nord, s'élevoient seulement à la somme de 2 millions 300 mille liv. (2), principalement en bois de construction,

---

(1) On appréciera plus particulièrement les effets du réglement du mois de septembre 1784, pour encourager le commerce du nord, dans la section sixième de la seconde partie de cet ouvrage, où l'on traitera de la navigation.

(2) Pièces justificatives : tableau, numéro premier, lettre A.

*Tome I.*　　　　　　　　　O

chanvre et métaux : au moment de la révolution, elles montent à 31 millions 600
mille livres (1) en trois classes; 1°. pour
5 millions 700 mille livres de marchandises manufacturées, fabriquées et ouvragées, notamment en toiles de chanvre et
toiles dites *platilles*, apportées par la voie
des villes anséatiques, en toiles des Indes
orientales, provenant du commerce danois en Asie; 2°. pour 24 millions de
matières brutes, particulièrement en cuivre et en plomb, par la voie des villes
anséatiques, en bois de construction du
Danemarck et de la Russie, en fer,
bray et goudron de Suède, en chanvre et
suif de Russie; 3 .pour 18 cent mille liv.
en comestibles, principalement en poissons des pêches danoise et suédoise.

Les exportations de France, pour les
puissances et contrées du Nord, s'élevoient
à la fin du règne de Louis XIV, à la
somme de 6 millions 800 mille livres en-

_______________

(1) Pièces justificatives : tableau, numéro premier,
lettre C.

viron (1), savoir: 1°. pour 856 mille livres
de lainage et toilerie ; 2°. pour 480 mille
livres de cuivre, liége, etc. ; 3°. pour 5 millions 400 mille livres de boissons et comestibles des règnes animal, végétal et minéral.

Au moment de la révolution, les
exportations de France, pour toutes ces
contrées montent à près de 80 millions
(2), et sont susceptibles d'être divisées
en cinq classes ; 1°. pour 3 millions 600
mille livres, en marchandises manufacturées, fabriquées et ouvragées, destinées plus particuliérement pour la Russie, quelques parties assez importantes
pour les villes anséatiques, mais pour des
valeurs infiniment modiques à la destination du Danemarck et de la Suède;
2°. pour 7 millions 100 mille livres de
matières brutes, particulièrement en iu-
digo, et autres drogues pour la teinture,

----

(1) Pièces justificatives : tableau, numéro premier,
lettre B.

(2) *Idem.* Tableau, numéro premier, lettre D.

et coton, à la destination des villes anséatiques de la Suède et du Danemarck ;
3o. pour 12 millions de boissons en vins
et eaux-de-vie dont la moitié de cette
somme pour les villes anséatiques, environ le quart pour chaque puissance de
Danemarck et de Russie, et seulement
le huitième pour la Suède ; 4o. pour 2
millions environ de comestibles des regnes
animal, végétal et mineral ; 5o. enfin,
pour 55 millions de sucre et café des
isles françoises d'Amérique, dont 47 millions de valeurs enlevées pour les villes
anséatiques, les trois quarts par les
Hambourgeois, le surplus destiné en
parties à-peu-près égales pour le Danemarck, la Suède et la Russie.

IL est aisé de démontrer à la faveur de ce développement, que ni
le dernier traité de commerce avec la
Russie, ni la cession faite par la Suède,
de l'entrepôt de Gothembourg, ni les encouragemens accordés en 1784 au commerce du Nord, n'ont produit aucune

amélioration sensible dans le commerce direct de la France avec les contrées septentrionales de l'europe.

En effet nos rélations commerciales avec les nations hyperboréennes , portent depuis long-tems sur deux bases ; d'un côté, les bois de construction , les métaux , les chanvres et les suifs que nous leur achetons ; d'un autre côté, les vins et eaux-de-vie de notre territoire , et les denrées de nos isles d'Amérique, en sucre et café que nous leur vendons.

Or , avant comme depuis le traité avec la Russie , antérieurement comme postérieurement ,soit à la convention Suédoise , soit aux faveurs relatives au commerce du Nord , les échanges respectifs et directs entre ces contrées et la France, se sont balancés entre 5 à 6 millions , de manière à offrir un excédent de valeurs d'un million, tantôt en notre faveur , s'il s'agit do de notre commerce avec le Danemarck ; tantôt pour la Russie, lorsqu'il est question de nos relations avec cet empire. Quant à la Suède , elle offre un importation directe en France, qui varie suivant nos besoins de 6 à 8 millions, et nos exportations ne s'élèvent jamais à plus de 5 millions; ce qui nous met en apparence dans le cas de payer annuellement à cette puissance un solde de plusieurs millions.

Quoiqu'il en soit, la consommation immense et toujours progressive qui se fait dans ces contrées, des sucres et cafés d'Amérique, les rend généralement, nos tributaires de sommes importantes dont les villes anséatiques, et particulièrement les Hambourgeois, se chargent de faire les fonds en France, en pourvoyant à leur approvisionnement, ainsi qu'aux besoins d'une partie de l'Allemagne; ce qui nous procure une balance en argent évaluée à 48 millions.

Dans l'état actuel, le commerce du Nord présente pour la France de grands avantages, puisqu'elle échange les produits de son territoire et de ses colonies, contre des matières brutes de premiers besoins pour toute puissance maritime. Ce com-

merce pourroit cependant nous rapporter
de plus grands profits , si nos navigateurs
transportoient eux-mêmes nos denrées
dans les entrepôts des mers du Nord. A
la vérité , nous n'obtiendrions pas une
balance en argent aussi considérable; car
il faudroit augmenter nos approvisionne
mens en marchandises navales , en pro
portion de l'emploi que trouveroient nos
bâtimens : mais un semblable ordre de
choses seroit infiniment préférable à
notre position présente, parce qu'il deviendroit la source et l'occasion d'un travail
actif dans nos Ports , en multipliant les
constructions de navires, et en y occu-
pant des pépinières de matelots , principaux agens de la force publique extérieure
chez les puissances maritimes.

Il resteroit encore un vœu à former
pour le succès complet de ce commerce
du Nord : son accomplissement résulteroit bientôt de nos communications plus
étendues et plus directes avec les peuples
de cette contrée. Les marchandises de
l'industrie françoise , qui , au moment

présent, en sont repoussées, soit par des prohibitions, soit par la concurrence des Anglois, soit par la voie détournée que ceux-ci et les Hollandois même employent pour livrer de la seconde main nos ouvrages, particulièrement aux consommateurs Russes, qui les recherchent davantage, seroient offertes un jour, par des maisons françoises établies dans le Nord, intéressées à faire valoir l'industrie de leurs compatriotes.

# CHAPITRE HUITIEME.

## Commerce avec les Etats-Unis de l'Amérique (1)

LE commerce entre la France et les Etats-Unis de l'Amérique, qui a pris naissance à l'époque de leur scission avec l'Angleterre, a déja parcouru quatre périodes bien distinctes.

PREMIÈREMENT, aussitôt l'interruption des échanges entre la grande Bretagne et ses colonies continentales, les négocians

---

(1) Le développement qui va suivre, est extrait en grande partie, d'un mémoire très-étendu, semé de recherches et de réflexions pleines de sagacité et de justesse, sur la situation actuelle des Etats-Unis, relativement à l'industrie intérieure et au commerce étranger. Ce mémoire a été redigé en 1789, par une personne résidente chez les Anglo-Américains, sous l'autorité du gouvernement françois.

françois se hâtèrent d'envoyer sécrète-
ment des cargaisons dans les Etats-Unis de
l'Amérique : » mais ils composèrent leurs
cargaisons du rebut de nos manufactures;
nos négocians, soit armateurs, soit com-
missionnaires, sembloient croire que tout
ce qui étoit invendable ailleurs, étoit encore trop bon pour l'Amérique; et en effet,
la nécessité y faisoit presque tout acheter ». Notre gouvernement n'apperçut pas
ou voulut paroître ignorer les expéditions
des négocians pour les Etats-Unis de
l'Amérique, avant toute rupture entre la
France et l'Angleterre. Ce fut donc toujours sur le même mode que fut exploité
dans le cours des années 1775, 1776 et 1777,
le commerce avec les Anglo-Américains.

SECONDEMENT, la nature des évènemens
ayant amené dès le commencement de
1778, par la signature d'un traité d'amitié
et de commerce entre la France et les
Etats-Unis, un changement marqué dans
nos affaires politiques, il sembloit devoir
en résulter l'adoption de meilleurs prin-

cipes dans les opérations commerciales
des deux peuples. Cependant le gouvernement françois, en invitant circulaire-
ment les chambres du commerce à se livrer à cette nouvelle carrière, crut devoir
abandonner ces liaisons à elles-mêmes.
Elles furent donc continuées sur le même
pied pendant les années 1778, 1779 et
jusques vers la fin de 1780, époque à
laquelle M. de la Luzerne, alors ministre
plénipotentiaire près des Etats-Unis, donna ses soins pour rétablir la réputation des
manufactures françoises.

Avant de suivre les effets de ses dispositions, il est à propos d'indiquer de
quelle nature et de quelle importance étoit
le commerce entre la France et les Etats-
Unis de l'Amérique, pendant les deux
premières époques écoulées depuis leur
scission avec l'Angleterre. Je prends pour
basés les relevés des douanes françoises
pendant les années 1778, 1779 et 1780,
attendu que nos liaisons, pendant les
trois années précédentes, n'étant pas
avouées de notre gouvernement, on ne

faisoit à la sortie de nos ports aucune déclaration des marchandises qui devoient se rendre par des voies obliques , dans les Etats-Unis de l'Amérique.

Pendant les trois premières années du traité d'amitié et de commerce conclu au mois de Janvier 1778 , entre la France et les Anglo - Américains , les importations de ceux ci , s'éleverent année moyenne à la somme de 2 millions 460 mille li-vres ( 1 ) ; savoir , 1°. pour 136 mille livres en ris , et morues sèches ; 2°. pour 357 mille livres de matières brutes , en bois de toute sorte , indigo , peaux et pelleteries ; 3°. pour 19 cent mille livres de tabac en feuilles.

Les exportations de France monterent à 3 millions 200 mille livres ( 2 ) , en quatre classes ; 1°. pour 191 mille livres de co-mestibles et épiceries ; 2°. pour 79 mille livres en vins et eaux-de-vie ; 3°. pour 33

---

( 1 ) Pièces justificatives : résultat , numéro 4 , lettre A.

( 2 ) *Idem.* Résultat , numéro 4 , lettre A.

mille livres de matières brutes ; 4°. enfin
pour 2 millions 900 mille livres de marchandises manufacturées, fabriquées et
ouvragées, particuliérement en draperie,
toilerie, étoffes de laine, de soie, velours
de coton, bonneterie, chapellerie, mercerie et clincaillerie, marchandises des
Indes, ouvrages de cuirs, munitions
de guerre et autres articles.

TROISIEMEMENT. On vient de voir que
la position du commerce de France avec
les Etats-Unis de l'Amérique, pendant les
deux premières époques de nos liaisons,
s'est trouvée telle que pendant la première
les commerçans avoient agi librement
dans leurs spéculations, sans aucune participation du gouvernement, et que dans
l'autre, on les avoit encore laissés se conduire par leur intérêt particulier, avec
cette différence, qu'ils opéroient sous la
protection d'une convention authentique
entre les deux peuples. Voici une troisième période pour le commerce françois
qui comprend les deux dernières années

de la guerre , et la première de la paix ,
tems où nos négocians parurent se livrer aux spéculations d'après des vues
étendues , et sous l'influence du gouvernement , qui désiroit fonder un commerce
durable entre la France et les Etats-Unis
de l'Amérique.

« Les soins du ministère françois auprès du congrès réussirent à persuader
à de bonnes maisons américaines , de
faire elles - mêmes visiter nos manufactures. Plusieurs négocians du pays allè-
rent s'établir dans nos ports , avec la résolution de composer des assortimens de
nos bonnes marchandises ; quelques maisons françoises envoyèrent en Amérique,
des associés qui reconnurent les fautes
faites précédemment ; les cargaisons furent bien composées , et à l'exception
des clincailleries , toutes se trouvèrent
en état de lutter contre les marchandises angloises. Nos manufacturiers commencèrent alors à montrer du zèle pour
ce commerce et accordèrent du crédit
aux négocians établis dans nos ports.

Une seule maison fixée à l'Orient, put à l'aide de ce crédit expédier pour 7 millions tournois de marchandises françoises dans les Etats-Unis, depuis la fin de 1780 jusqu'à la paix ».

On apperçoit en effet par le relevé des registres des douanes françoises que notre commerce avec les États-Unis, fut plus florissant dans cette période. Les importations des Anglo-Américains, s'élevèrent année moyenne de trois, de 1781 à 1783 inclusivement , à 3 millions 494 mille livres ( 1 ) ; savoir, 1°. pour 69 mille livres en ris , et morues sèches ; 2°. pour 192 mille livres de matières brutes ; 3°. pour 3 millions 233 mille livres de tabacs en feuilles.

Nos exportations montèrent alors à 11 millions 500 mille livres , en quatre classes de marchandises ( 2 ) ; 1°. pour 825 mille livres de comestibles et épi-

_______________

(1) Pièces justificatives : résultat , numéro 4 lettre B.

( 2 ) *Idem.* Résultat, numéro 4 , lettre B.

ceries ; 2°. pour 457 mille livres en vins et eaux-de-vie ; 3°. pour 378 mille livres de matières brutes ; 4°. enfin pour 9 millions 800 mille livres d'articles manufacturés, fabriqués et ouvragés, draperie de toute sorte, bonneterie, chapellerie, toilerie, étoffes de laine et de coton, étoffes de soie, dentelle de fil, marchandises des Indes, mercerie, clincaillerie, mouchoirs de toute sorte, munitions de guerre, ouvrages de cuir et autres.

« Les soins du ministre de France en Amérique, les mesures prises par le département de la marine pour la sûreté de la navigation dans les parages des Etats-Unis, les dispositions rigoureuses du congrès, pour repousser la contrebande des marchandises angloises, produisoient des effets sensibles et salutaires au commerce de la France, lorsque la paix vint ouvrir celui des Américains à toutes les nations, avant que nous ayons pu y établir le nôtre solidement, et sans que nous ayons retiré tous les avantages que nous eussions pu au moins nous procurer

provisoirement

provisoirement pendant les huit années,
de guerre de la Grande-Bretagne avec ses
Colonies.

« L'empressement des nations européennes, aussi-tôt la paix, à porter des
marchandises en Amérique, fut fatal à
plus d'une maison de commerce. Dès le
milieu de 1783, on y vit arriver de France,
d'Angleterre, de Hollande, des Pays-Bas
Autrichiens et de l'Allemagne, des quantités considérables de marchandises. Les
expéditions ne se ralentirent pas en 1784,
époque pour laquelle il est constaté que
les importations de toutes les contrées
dans les Etats-Unis, montèrent à plus de
100 millions tournois dans les seuls ports
de Charleston, de Philadelphie, et de
Newyorck.

« Le crédit seul pouvoit faire écouler
cet amas de marchandises ; mais son extension devoit avoir des suites funestes
pour les manufacturiers de l'Europe. Les
banqueroutes multipliées commencèrent
dans les Etats-Unis de l'Amérique, dès
les premiers mois de 1784. Au milieu de

ces circonstances difficiles, la fourniture des Anglo-Américains devoit rester à la nation manufacturière la plus persevérante dans ce commerce. Les négocians françois quittèrent la partie aussi légèrement qu'ils s'y étoient engagés : ils ne trouvèrent pas de milieu entre trop faire et ne rien faire du tout. Les pertes de ceux qui avoient été enveloppés dans les importations désastreuses de 1783 et de 1784, firent une forte impression sur nos places de commerce ; et d'un autre côté, le marché fait à la fin de 1784, par les fermiers-généraux avec M. Robert Morris, pour la fourniture du tabac, en ôtant aux négocians la facilité des remises, les confirmoit dans la résolution de ne pas faire d'envoi en Amérique ».

Telle fut la position fâcheuse du commerce françois dans les États-Unis, pendant les premières années après la paix, lorsque notre gouvernement entreprit de ranimer ces liaisons par quelques dispositions. Ce nouvel ordre de choses constitue la quatrième période, ou l'état du

commerce national dans les Etats-Unis,
au moment de la révolution.

QUATRIÈMEMENT. Les premières tentatives que fit le gouvernement françois pour
régénérer ce commerce, ne furent pas
dirigées directement vers ce but ; mais la
nature des nouvelles mesures que sembloit exiger l'intérêt des colons de nos
isles de l'Amérique, devoit particulièrement profiter aux Anglo-Américains, les
rapprocher peu-à-peu des négocians françois, et diminuer insensiblement ces im-
pressions fâcheuses qu'ils avoient conçues
les uns des autres, soit par la mauvaise qualité des marchandises arrivées de France,
soit par les banqueroutes éprouvées par
nos manufacturiers, dans les relations
qu'ils avoient entretenues précédemment.

Les articles II et III du réglement du
conseil du mois d'août 1784, concernant
le commerce étranger dans les isles françoises de l'Amérique, ne peuvent laisser
de doute sur l'intention du gouvernement
de renouer nos liaisons avec les Anglo-

Américains. En effet, l'article II porte « permission aux navires étrangers du port de 60 tonneaux au moins, uniquement chargés de bois de toute espèce, même de bois de teinture, de charbons de terre, d'animaux et bestiaux vivans de toute nature, de salaisons de bœufs et non de porcs, de morue et poissons salés, de riz, de maïs, de légumes ; de cuirs verds en poil ou tannés, de pelleteries, de résine ou goudron ; d'aller dans les seuls ports d'entrepôt désignés par l'article précédent, et d'y charger et commercer lesdites marchandises ». L'article III ajoute : « Il sera permis aux navires étrangers, qui iront dans les ports d'entrepôt, soit pour y porter les marchandises permises par l'article II, soit à vuide, d'y charger pour l'étranger, uniquement des sirops et taffias, et des marchandises venues de France ».

Il est facile de reconnoître dans cette nomenclature, d'un côté, les productions les plus généralement cultivées dans les États-Unis ; et de l'autre, la convenance plus particulière pour eux , et même le besoin , des sirops et taffias de nos Isles, et des marchandises manufacturées venues de France. Les effets de ces stipulations seront indiqués , lorsqu'on aura parcouru les autres espèces d'encouragemens accordés postérieurement à notre commerce Anglo-Américain.

On veut parler du réglement du mois de décembre 1787 , qui a pour objet d'étendre les relations directes de la France avec les Etats-Unis. Il en résulte que les productions de leur pêche sont reçues dans nos ports , en concurrence avec celles des nations les plus favorisées, et que leurs huiles de poisson sont admises par préférence à celles provenant de toute autre puissance étrangère (1) ; que les navires de construction américaine peuvent être vendus en France en exemption de tous droits; que les thérébentine, brai et goudron, ne sont soumis qu'à un droit de deux et demi pour cent de la

_______________

(1) Arrêt du 7 décembre 1788,

valeur ; que les bois de construction, les grains de toute sorte, les riz et légumes, les potasses et pertasses, les cuirs en poil, peaux et pelleteries n'acquittent qu'un huitième pour cent de la valeur, sous la condition que toutes les marchandises précédemment dénommées, seront importées sur vaisseaux françois ou américains.

Les seuls avantages stipulés pour la vente, dans les Etats-Unis, des marchandises de France, consistent dans la permission de faire sortir sur vaisseaux françois ou des Etats-Unis, les armes de toute espèce et la poudre à tirer ; et dans l'exemption et restitution de droits sur les papiers de toute sorte, même ceux destinés pour tenture et dominoterie, les cartons et les livres. Quant à l'exportation des clincaillerie, bijouterie, bonneterie de laine et de coton, des gros lainages, des petites draperies et des étoffes de coton de toute nature et autres marchandises de fabrique françoise envoyées sur vaisseaux françois ou Anglo-Américains, l'article XI du même règlement du mois de septembre 1784, porte la réserve d'encouragemens, qu'il annonce devoir être incessamment reglés au Conseil, selon l'espèce de chacune desdites marchandises.

Quels fruits les deux nations ont-elles retiré de ce double système propre à favoriser leurs relations dans les ports de l'Europe et dans ceux de l'Amérique?

Pendant l'année moyenne des trois qui ont précedé la révolution françoise, les importations des Etats-Unis en France se sont élevées à 9 millions 600 mille livres en quatre classes ( 1 ), 1°. Pour 600 mille livres de comestibles, des règnes animal et végétal ; 2°. pour 900 mille livres de matière brutes ; 3°. pour 700 mille livres en productions de la pêche ; 4°. enfin pour 7 millions 300 mille livres en tabac en feuilles.

Les importations des mêmes Etats-Unis, dans les Antilles françoises montent à

––––––––––––

(1) Pièces justificatives : résultats , numéro 4, lettre C.

P 4

11 millions 100 mille livres, également en quatre classes ( 1 ); 1°. Pour 2 milions 650 mille livres de comestibles des règnes animal et végétal ; 2°. pour 6 millions, 300 mille livres de matières brutes en bois de construction et articles servant aux ouvrages , comme bêtes de somme, en chevaux , mules et mulets ; 3°. pour 1700 mille livres de productions de la pêche ; 4°. enfin pour 400 mille livres de tabacs en feuilles.

Les exportations de France pour les Etats-Unis , composent pour la même époque la somme modique de 1800 mille livres ( 2 ), dont principalement 600 mille livres en vins et eaux-de-vie, et seulement 600 mille livres , en marchandises manufacturées , fabriquées et ouvragées.

Les exportations faites de nos colonies d'Amérique ou Antilles françoises , pour les Etats-Unis s'élèvent à une somme

----

( 1 ) Pièces justificatives : résultats , numéro 4 , lettre C.

( 2 ) *Idem.* Résultat, numéro 4, lettre C.

de 6 millions 400 mille livres (1), dont particulièrement pour 4 millions et demi de rhum, syrop et taffia, et 450 mille livres en vins et eaux-de-vie, et seulement 240 mille livres en marchandises manufacturées, fabriquées et ouvragées.

On voit par cette analyse, que si les encouragemens ont été fructueux, ce n'a pas été aux marchandises des manufactures françoises. Les Américains ont bien profité des faveurs qui leur ont été accordées, puisque leurs importations en France, qui dans les précédentes époques n'avoient jamais excédé trois millions et demi, s'élèvent au moment de la révolution à près de dix millions. Ces républicains se procurent maintenant sur nous, une balance en argent de 7 à 8 millions, avec laquelle ils soudoyent l'industrie angloise.

Quant à leur commerce avec nos colonies d'Amérique, ils obtiennent dans les échanges respectifs, un excédent de va-

______

(1) Pièces justificatives : résultats, numéro 4, lettre C.

leur à leur profit, de plus de 4 millions et demi. Ce solde leur est payé vraisemblablement, en denrées dont l'exportation n'est pas permise ; mais il paroît constant qu'ils bornent l'extraction qu'ils en font au besoin de leur consommation et à la nécessité d'obtenir un équivalent propre à les remplir de l'étendue de leurs fournitures dans nos Isles. En effet, le dépouillement des registres des douanes américaines, fait monter de 6 à 7 millions tournois au plus la quantité des sucres importés de toutes les colonies européennes, et à un million, la quantité des cafés. On estime que les isles françoises en fournissent la moitié, ou environ ; et c'est à-peu-près le montant de la balance en argent due, année moyenne, par ces même colonies, aux Etats-Unis. On peut conclure de ce dernier apperçu, que les produits du sol des Antilles françoises, ne forment pas au moins, ainsi qu'on pouvoit le craindre, des articles de réexportation en Europe, par les Anglo-Américains.

Voilà donc, pour la France le Nec plus ultra d'un commerce fondé, depuis douze ans, et dont l'espoir a pu contribuer à faire sacrifier quelques centaines de millions et plusieurs générations d'hommes ! Quelles sont les causes de ce défaut de succès ? Nos espérances sont-elles entièrement perdues ? N'existe-t-il plus aucuns moyens d'obtenir des résultats profitables à la Nation Françoise, de son commerce avec les Etats-Unis de l'Amérique ? Voici ce que l'on peut répondre à ces questions.

Les causes. Elles sont déja en partie développées ; il ne s'agit que d'en résumer les plus importantes « La mauvaise qua-
» lité des marchandises manufacturées
» en France, a d'abord contribué à en-
» tretenir chez les Anglo-Américains,
» le goût et le débit des marchandises
» angloises. Ensuite, la trop grande con-
» currence des nations européennes à la
» paix, a amené des banqueroutes qui ont
» ruiné les manufacturiers ou spécula-

» teurs François. La persévérance et la
» supériorité des Anglois, ont achevé
» d'écarter les négocians françois déja
» dégoûtés d'un commerce naissant, qui
» leur avoit occasionné des pertes. Le
» défaut d'encouragement promis par
» le réglement du mois de Décembre
» 1787, n'a pas été propre à améliorer
» notre foible exportation en produits de
» l'industrie françoise. D'un autre côté,
» la variabilité des loix dans les différens
» états fédérés, les prohibitions suppri-
» mées, et recréées tour-à-tour; les tarifs
» continuellement retouchés ; la hausse
» et la baisse alternative des droits lo-
» caux ; enfin l'inexécution de la part
» de chaque état séparé, des stipulations
» faites sur le commerce et la navigation
» dans l'ancien système fédéral , entre
» le congrès et les puissances étrangères:
» toutes ces circonstances ont concouru
» à éloigner les uns des autres les négo-
» cians françois et les Anglo-Américains».

Les espérances. « Dans la constitution

» actuelle, le président des Etats-Unis a
» le pouvoir de faire des traités du con-
» sentement des deux tiers du sénat. Le
» congrès doit régler, exclusivement dans
» toute l'union, le commerce avec les
» nations étrangères, et celui des états
» entr'eux et avec les hordes sauvages. La
» même autorité souveraine qui, par
» l'organe de deux de ses branches,
» prendra des engagemens au-dehors,
» est absolument chargée de leur exé-
» cution au-dedans «. Voilà pour la sûreté des transactions ; mais quels seront
pour la France les articles d'échange ?
« Il en existe peu que l'état de nos
» manufactures permette d'envoyer en
» concurrence avec la Grande-Bretagne,
» la Hollande et l'Allemagne, si ce n'est
» peut-être les sucres raffinés, l'amidon,
» la poudre, les papiers de toute espèce,
» les chapeaux, les savons. Les américains
» ne pourront d'ailleurs se passer avant
» des siècles, de nos vins, de nos eaux-
» de-vie, de nos huiles, de nos sels, de
» nos modes, de nos draps fins, de nos

» soyeries diverses, de nos belles indien-
» nes, de nos batistes, de nos sucres, de
» nos cafés. A mesure que leurs richesses
» augmenteront, ils pourront prendre
» nos belles glaces, nos porcelaines, nos
» bronzes, nos dorures, nos meubles et
» notre bijouterie. Les draperies de se-
» conde et troisième qualités, les toiles
» communes, le fer ouvré ou fondu sous
» toute sorte de formes, la fayance et la
» verrerie semblent appartenir plus par-
» ticulièrement à nos rivaux.

Les moyens. « Il n'existe pas dans le
» moment actuel (1789), une seule mai-
» son américaine de commerce, qui ait
» un magazin de marchandises fran-
» çoises. Il n'y réside pas d'importeurs,
» point de négocians françois faisant des
» affaires régulières entre les deux pays,
» point d'associés de maison de com-
» merce du royaume. Quelques françois
» reçoivent des pacotilles ; ils détaillent
» pour la plûpart, et n'ont ni la consi-
» dération, ni les capitaux nécessaires à

» des opérations de quelque consé-
» quence. Le plus essentiel, le plus ins-
» tant, est donc d'établir dans les Etats-
» Unis des maisons de commerce , à
» l'exemple des Anglois , et même des
» Hollandois, dont les affaires n'y sont
» pas très-étendues , mais très-méthodi-
» quement dirigées. Cette disposition est
» d'une indispensable nécessité , pour
» connoître les facultés des négocians
» américains , les ressources de chaque
» branche de commerce , et les goûts
» des consommateurs. C'est enfin une
» disposition qui doit précéder, accom-
» pagner et faire valoir tous encourage-
» mens , à accorder un jour , pour favo-
» riser spécialement les exportations dans
» les Etats Unis des produits de l'indus-
» trie françoise.

# CHAPITRE NEUVIEME.

*Commerce avec l'Empire Ottoman, et les Nations Barbaresques.*

LE commerce des François avec les Levantins, jusqu'à la fin du quinzième siècle, et avant la découverte du cap de Bonne-Espérance, étoit d'une toute autre nature que celui qui s'exerce aujourd'hui dans l'empire Ottoman et avec les nations barbaresques. Indépendamment des productions du sol fertile de la Grece et de l'Egypte, et des riches ouvrages des manufactures d'Antioche et de Laodicée, dont les Grecs, les Juifs et les Syriens tenoient magasins à Marseille, à Narbonne et à Toulouse, ces contrées servoient encore d'entrepôts aux marchandises des Indes qui pénétroient par la Perse et la Syrie, la mer rouge et l'Egypte,

jusques

jusques dans la méditerrannée d'où elles
se répandoient en Europe.

Ainsi, tout ce que l'histoire nous a
transmis sur le commerce et la navigation plus ou moins actifs de Marseille
au Levant, soit avant les croisades, soit
pendant la courte durée des souverainetés de Jérusalem, de Tyr et de Chypre,
à cause des grands privilèges que les Marseillois obtinrent des princes chrétiens ,
ne peut pas servir de comparaison avec
l'état actuel du commerce françois dans
les Echelles. On ne peut pas tirer plus
d'induction des richesses immenses ac-
quises par Jacques-Cœur , lorsqu'il trans-
porta le même commerce de l'Orient et
des Indes , à Montpellier, pendant la dé-
cadence de Marseille causée par les guerres longues et désastreuses des Comtes de
Provence, pour soutenir les droits de la
maison d'Anjou, sur les royaumes de
Naples et de Sicile.

Le commerce de Marseille troublé à
différentes époques depuis la monarchie
françoise, successivement par les Goths,

des Grecs et les Maures , et ruiné ensuite par l'ambition de ses propres souverains , se ranima pour ne plus déchoir, à l'époque de la réunion de la Provence à la couronne, sous Louis XI ; alors le commerce du Levant se concentra dans ce seul port , après avoir été divisé long-tems dans différens points du Languedoc et de la Provence (1).

Mais la véritable époque de la fondation du commerce du Levant , tel à peu-près que nous l'exploitons aujourd'hui , date des premiers tems après que les Turcs se furent emparés de Constantinople.

Dès le règne de François I<sup>er</sup>, en 1535, les François obtinrent de la porte Ottomane des capitulations ou traités de commerce : un des articles, réservoit aux seuls marchands françois , ou à ceux qui tra-

______

(1) Dissertation sur l'état du commerce en France, sous les rois de la première et de la seconde race. Mémoire sur l'état du commerce intérieur et extérieur de la France , depuis la première croisade jusqu'au règne de Louis XII.

fiquoient sous la bannière de France, le commerce du Levant ; cette faveur exclusive ne nous fut pas très-profitable, parce qu'elle ne fut pas de longue durée.

Les troubles qui désolèrent la France sous les successeurs de François Ier, jusqu'au règne de Henri IV, donnèrent occasion aux Vénitiens dès 1580, et aux Anglois en 1599, de profiter de notre indifférence pour obtenir l'établissement des consuls de leur nation, qui surveilleroient leurs affaires de commerce dans l'empire Ottoman.

Aussi, lorsqu'en 1604 Henri le Grand renouvella les capitulations avec la Porte, les Vénitiens et les Anglois furent exceptés de la liste des nations auxquelles il n'étoit permis de trafiquer au Levant que sous la bannière de France.

Il paroîtroit résulter des termes d'un projet conçu par le cardinal de Richelieu, d'établir en 1626, une compagnie générale de commerce, tant par terre que par mer, Ponant, Levant et autres voyages de long cours, sous le titre de *compagnie du Morbihan*, du nom d'un port de Bretagne, que d'une part le commerce du Levant étoit libre à cette époque par tout le Royaume, et que d'un autre côté, c'étoit la branche de commerce la plus lucrative que nous eussions alors. Par rapport à la liberté du commerce du Levant, j'observerai qu'il étoit exercé depuis plus d'un siècle dans les ports de l'Océan, puisqu'en 1479, un duc de Bretagne demanda au pape et en obtint que ses sujets pourroient trafiquer avec les Turcs en sûreté de conscience. Quant à sa richesse, j'ajouterai qu'il est vraisemblable que le commerce des Indes se trouvant encore en partie confondu avec celui du Levant, les négocians de tous nos ports de mer pouvoient retirer de leurs spéculations, sur les marchandises d'Asie, quelques profits que n'auroit pu donner le seul commerce du Levant.

Quoiqu'il en soit, la conduite de Louis XIV, en envoyant, en 1664 et en 1667, des secours contre les Turcs, à l'empereur Léopold en Hongrie, et aux Vénitiens, au siège de Candie, indisposa la Porte et profita encore aux Hollandois et aux Génois, qui obtinrent la même faveur de commercer directement au Levant, de manière que dans les capitulations obtenues par les François en 1673, ces derniers eurent quatre autres peuples pour concurrens dans l'exploitation du commerce du Levant (1).

Différentes causes avoient encore retardé ou affoibli les succès de cette partie du commerce françois. Les consulats se vendoient et s'achetoient comme un effet public, sous un gouvernement toujours tourmenté dans ses finances, par de nouveaux besoins ; on les faisoit occuper par des commis ou des fermiers qui, sans s'intéresser au bien du commerce et de la nation, se servoient de leur autorité pour exercer des vexations. D'un autre côté,

_______________

(1) Dictionnaire du commerce de Savary, tome premier. Etat général du commere de l'Europe. Recherches et considérations sur les finances de France, depuis l'année 1595 jusqu'à l'année 1721.

les droits imposés soit dans les Echelles,
soit à Marseille, pour acquitter les dettes
nationales, étoient dissipés ou mal admi-
nistrés ; et les ambassadeurs même exerçoient des monopoles sur le commerce.
Enfin les Marseillois n'étoient pas assez
riches en capitaux, soit en argent, soit
en vaisseaux, pour faire toutes les entreprises auxquelles pouvoit les inviter la
position de leur port.

Colbert sentit la nécessité de réformer
tous les abus, et de provoquer l'émulation par la concurrence. Son premier soin
fut d'établir en 1669 la franchise effective du port de Marseille, de manière
que les riches négocians des nations qui
n'avoient point de capitulation à la Porte,
vinrent en foule avec des gros capitaux
jouir des avantages naturels de ce port
pour le commerce du levant. Il supprima
à la même époque l'hérédité des consulats, et nomma pour six ans de nouveaux titulaires, avec l'espoir d'être con-
tinués suivant l'utilité de leurs services.
Il surveilla l'acquittement des dettes

contractées dans les Echelles, et fit défendre en 1670, à l'ambassadeur de
France d'y faire aucune levée de deniers,
sans la participation des négocians.
Enfin, il engagea le roi à donner des
ordres en 1671, pour que ses escadres
protégeassent la navigation françoise
dans la méditerrannée.

Il ne fut pas aussi heureux dans le
projet qu'il conçut et réalisa en 1670, de
former une association ou compagnie,
non privilégiée, de riches négocians qui
armèrent des vaisseaux *de force* pour ce
commerce. Malgré l'avance qui leur fut
faite pendant deux ans, de deux cent
mille livres sans intérêt, une prime de
10 livres par pièce de drap qu'ils transpor-
teroient au Levant, et différens autres
avantages, la concurrence des particuliers l'emporta sur cette compagnie, et
lors de sa dissolution, elle se trouvoit
en perte.

Une nouvelle disposition prise par Colbert, devoit avoir une influence plus marquée sur la prospérité future du com-

merce du Levant; c'est la protection qu'il accorda aux manufactures naissantes de draps *londrins* ou *façon de Londres* fabriqués en Languedoc. Les états de cette province en 1678 , et à sa requisition, firent des prêts aux entrepreneurs , et leur accordèrent une gratification de 10 livres par pièce de drap , qu'ils fabriqueroient. Ces encouragemens prolongés, et étendus jusqu'au commencement du 18e. siècle , à de nouvelles manufactures de même espèce , amenèrent les plus heureux succès , lorsque les Turcs eurent pris goût à nos draps londrins , malgré les efforts de nos rivaux , particulièrement des Anglois, pour en traverser le débit , et le contretemps que leur vente essuya par la peste de 1720 , qui interrompit le commerce de Marseille. Cette dernière circonstance fut cause que cette branche d'industrie ne prospéra pleinement que depuis l'année 1725 (1).

---

(1) Recherches et considérations sur les finances de France. — Dictionnaire du commerce de Savary.

Enfin, la capitulation de 1740 (1); le reglement du mois de janvier 1759, qui établit que les négocians de toutes les provinces et différens ports du royaume, ont la liberté dont ils ne profitent pas, d'envoyer leurs marchandises directement dans les Echelles au Levant (2), et l'ordonnance de 1781, sont les principaux actes publics qui régissent aujourd'hui le commerce des François au Levant; mais il a été dérogé par un réglement du mois d'avril 1785, aux articles 12, 13 et 15 du titre 3 de cette dernière ordonnance, en ce qu'elle avoit admis sous quelques restrictions et pendant la guerre, les étrangers à faire dans le port de Marseille le commerce du Levant.

Cette série de faits indique assez que

---

tome premier. Etat général du commerce de l'Europe. —— Remarques sur plusieurs branches de commerce et de navigation.

(1) Questions sur le commerce du Levant. (Marseil 1755).

(2) Observations des députés du commerce de Marseille. (Paris 1790).

quelque soit l'opinion qu'on veuille se former de l'étendue du commerce françois au Levant, à différentes époques depuis l'établissement de l'empire Turc à Constantinople, il n'est pas possible de croire qu'il ait été d'une grande importance avant le dix-huitième siècle.

Sur la fin du quinzième, ni les poils de chèvre, ni les cotons, ni les tissus de cette matière, objets considérables aujourd'hui, ne faisoient encore partie des retours du Levant. Ce commerce pouvoit-il être florissant dans le seizième siècle, pendant la longue minorité des enfans de Henry II, et au milieu des fureurs de la ligue, tems où les Vénitiens et les Anglois profitoient, comme on vient de le voir, pour nous supplanter, de nos troubles intérieurs qui minoient toutes les sources de la prospérité publique ? Devoit-il être dans une grande activité, sous la régence de Marie de Médicis qui avoit favorisé toute sorte d'abus perpetués après elle, la vénalité des consulats, et les exactions qui disparurent par les sages dispositions prises sous Colbert? Les premières années du règne de Louis XIV, furent-elles propres à amener de brillans succès, lorsque ses infidélités envers la Porte faisoient admettre dans l'empire Ottoman les Hollandois et les Génois en concurrence avec les commerçans François? Enfin, au tems même du ministère de Colbert, la France ne possédoit pas encore, dans les draps londrins, un moyen d'échange étendu et exclusif aux autres nations. Le tableau du commerce françois au Levant à la fin du regne de Louis XIV, est propre à confirmer dans l'opinion de son peu d'importance, jusqu'au dix-huitième siècle, quoique peut-être ce fut alors une des branches la plus considérable de notre commerce et de notre navigation. Mais avant de présenter l'analyse de ce tableau, il faut rassembler sommairement quelques faits historiques sur l'origine de notre commerce avec les nations Barbaresques, qui est une dépendance de celui du Levant.

Deux Provençaux obtinrent en 1560,

du Maure qui dominoit à Alger, la permission, moyennant une forte redevance, de faire un établissement pour la pêche du corail dans un lieu qui fut depuis appellé le *Bastion de France.*

Cet établissement ruiné deux années après par des corsaires Turcs, fut rétabli et détruit de nouveau par les Algériens en 1597.

Les François obtinrent en 1604, dans le renouvellement des capitulations avec la Porte Ottomane, la permission de pêcher le corail dans les mers d'Alger, et ils profitèrent de la bonne harmonie qui régnoit entre-eux et les Algériens sous Louis XIII, pour reconstruire en 1637, un fort sur les ruines du *Bastion de France*; mais les Algériens ayant recommencé leurs hostilités contre les François, malgré les défenses du grand Seigneur, Louis XIV les força à lui demander la paix qui leur fut accordée en 1668.

Ce ne fut cependant qu'en 1694, que plusieurs négocians qui s'intéressèrent sous le nom d'*Héli*, dans le commerce des côtes septentrionales de l'Afrique , obtinrent une convention sous le titre de *Concession d'Afrique* , signée du Dey , du Divan , et de la milice d'Alger , pour le privilège exclusif et à perpétuité de la pêche du corail , dans les mers qui en dépendent , et de la traite des laines , de la cire , des cuirs , du suif et autres marchandises , dans quelques lieux de la côte. La ratification de cette convention fut faite à chaque mutation de compagnie françoise exploitant le commerce d'Afrique.

Dès l'année 1712, il fut accordé pour six ans, à une nouvelle association un privilège exclusif du commerce de la côte de Barbarie. La Compagnie des Indes fut ensuite subrogée à ce privilège pour 24 ans, à compter du premier Janvier 1719 ; mais en 1730, elle supplia le roi d'accepter la rétrocession , délaissement et transport du commerce de Barbarie. Il en fut disposé pour 10 ans à dater du mois de Novembre 1730, en faveur de Jacques Auriol et ses associés , négocians à Marseille.

Ce privilège étant expiré en 1740, il fut créé une nouvelle compagnie qui subsiste encore sous le nom de *Compagnie d'Afrique*. Un article de l'édit de 1741 , qui forme son titre de création , a obligé la chambre du commerce de Marseille , à prendre sur les 1200 mille livres formant les premiers fonds de cette compagnie , trois cent mille livres pour son compte , et à garantir le payement du dividende , ou intérêt des neuf cens autres ( 1 ).

A la fin du règne de Louis XIV, les importations des Levantins et des nations barbaresque en France , s'élevoient à 3 millions 400 mille livres ( 2 ). Au moment

----

(1) Mémoire sur la compagnie royale d'Afrique établie à Marseille ; encyclopédie méthodique , partie du commerce, tome premier.

( 2 ) Pièces justificatives : tableau, numéro premier , lettre A.

Voyez également dictionnaire du commerce de Savary ; état général du commerce de l'Europe , tome premier. L'auteur qui rassembloit ces mémoires vers le commencement du dix-huitième , s'exprime

de la révolution ces importations montent à 37 millions , 700 mille livres en trois classes ( 1 ) , 1°. pour 15 cent mille livres en toiles et étoffes du Levant ; 2° pour 29 millions de matières brutes en laines, soie , coton , cuirs et peaux, poil de chèvre ; 3'. pour 7 millions en blé-froment, orge, légumes, huile d'olive, café du Levant.

Les exportations de France pour le Levant et les états de Barbarie étoient à la fin du règne de Louis XIV , seulement de 2 millions de valeur ( 2 ) ; au moment

---

ainsi : « Il s'en faut infiniment que les marchands françois trafiquent dans le Levant avec leur première réputation , puisqu'il est certain que des 20 millions de marchandises qu'on suppose que toutes les nations chrétiennes qui font le commerce du Levant, peuvent tirer chaque année des états du grand-seigneur , il y en a 15 pour les Anglois et les Hollandois ; seulement *deux et demi* , au plus *trois* pour les François ; et le reste pour les Vénitiens et les Génois.

(1) Pièces justificatives : tableau , numéro premier, lettre C.

(2) Pièces justificatives : tableau , numéro premier, lettre B. Cette foible valeur de nos exportations en

de la révolution , elles montent à 25 millions, 600 mille livres (1), en quatre classes principales : 1°. pour 8 millions, 100 mille livres en café, sucre et liqueurs ; 2°. pour 3 millions, 200 mille livres, en indigo, drogues et bois pour la teinture ; 3°. pour 9 millions 300 mille livres en draps *londrins*, bonneterie, étoffes et mouchoirs de soie ; 4°. pour environ 5 millions de matières d'or et d'argent monnoyées, comme sequins, piastres, talaris ou karagrouk, monnoie d'Allemagne.

On ne doit pas perdre de vue, dans le rapprochement des valeurs, tant en im-

---

1716, s'explique par la médiocrité de nos ventes en draps londrins : elles n'excédoient pas alors la quantité de 190 mille aunes ou 11 mille pièces environ. (Voyez remarques sur plusieurs branches de commerce et de navigation, chapitre XIII du commerce du Levant).

Aujourd'hui notre exportion en draps londrins ou des fabriques du Languedoc, s'élève à la quantité de 750 mille aunes, ou 47 mille pièces environ.

(1) Pièces justificatives : tableau, numéro premier, lettre D.

portations

portations qu'en exportations , qu'elles
sont établies sur les prix des marchandises à Marseille , à leur arrivée ou à leur
départ, de manière que les 12 millions
d'excédent de valeurs du côté des achats
au Levant et en Barbarie sur nos ventes
dans ces contrées , représentent, 1°. les
profits du fret acquis à la marine nationale,
soit pour la navigation de Marseille au
Levant, soit pour celle du Levant à Marseille, soit enfin dans le cabotage exercé
d'une Echelle à l'autre par les bâtimens
françois ; 2°. les bénéfices des armateurs
et négocians nationaux, résidens à Marseille ou dans les Echelles ; 3°. le montant des ventes faites aux étrangers en
articles du Levant , objet de réexportation qui peut s'élever à une valeur annuelle de 6 millions. Tous ces bénéfices
indépendans des profits partagés par
toutes les classes de capitalistes ou fabricans du Languedoc, résultans de la vente
de leurs draps, et par les propriétaires
qui y récoltent et fournissent les laines,
sont encore distincts de ceux qui résul-

*Tome I.*                                    R

teront de l'emploi en France d'une masse de matières brutes, évaluées à près de de 24 millions.

CE commerce du Levant réunit, comme l'on voit, tous les avantages. Il devient une école de matelots; il soutient de nombreux atteliers; il encourage l'agriculture ou le nourrissage des bestiaux, en favorisant l'emploi des laines récoltées dans nos provinces méridionales; il fait valoir le sol de nos colonies d'Amérique; il apporte l'abondance des subsistances dans le midi de la France; il grossit par les bénéfices de la réexportation, les capitaux destinés à la réproduction du revenu annuel; enfin, il met perpétuellement de nouveaux poids dans la balance de l'industrie françoise, en alimentant sans cesse nos manufactures de matières premières.

Cependant, malgré tant de bienfaits que procure l'activité Marseilloise, on entend des murmures contre la cité antique qui, par sa situation presque aux confins de l'Europe, de l'Asie et de l'Afrique, semble être destinée par la nature à demeurer éternellement l'entrepôt des productions du sol et de l'industrie des peuples de l'ancien monde. Cette position qui fait jouir Marseille du commerce du Levant, est envisagée par quelques uns, comme une usurpation ou un privilège; il s'élève des voix pour réclamer que les ports de la France indistictement soient admis à recevoir directement les retours ou marchandises venant du Levant: on invoque les principes de liberté. Mais quels sont ceux à faire valoir dans notre commerce avec l'Empire Ottoman? S'agit-il d'établir entre deux nations si opposées de mœurs, les relations les plus profitables, d'après la seule essence des choses? Le point à saisir, n'est-il pas plutôt de faire que les communications nous deviennent les moins onéreuses, et les moins funestes qu'il sera possible? Traite-t-on avec les Turcs ou avec les Barbaresques, comme avec les autres Européens? La France n'a-t-elle pas à se garantir de toute la malveillance de ces peuples brutaux, soupçonneux et avares ? N'a-t-elle pas encore plus à redouter la maladie pestilentielle qu'ils nourrissent dans leurs foyers ? Quelle Cité maritime peut envier l'échange que fait perpétuellement Marseille, de son activité contre ce poison qu'elle a appris à *neutraliser*, en quelque sorte, par sa malheureuse expérience ? Faudra-t-il, même dans l'espoir de retirer quelques millions de plus du commerce du Levant et de la Barbarie, multiplier les chances de la mort, en plaçant dans les principaux points de l'empire, des germes destructeurs qui peuvent s'échapper, malgré la plus sévère vigilance, et moissonner en un clin d'œil quelques millions de François (1)?

---

(1) Voyez les observations des députés extraordinaires du commerce de Marseille, sur le mémoire de MM. Dupré et Roque, députés du Languedoc, relativement au commerce des draps dans le Levant. (Paris 1790). Ces observations sont rédigées de manière à démontrer mathématiquement que le salut de la France et le bien de l'humanité entière réclament pour Marseille seule, l'avantage que lui a départi la nature de pouvoir, avec le secours de l'art, recevoir sans danger les marchandises pestiférées du Levant.

# CHAPITRE DIXIEME.

## *Résumé du commerce avec les Puissances et Contrées de l'Europe.*

DANS le parallèle établi entre le commerce françois en Europe, à deux époques remarquables de l'empire, on a dû appercevoir par tout l'influence avantageuse qu'a eue dans le dix-huitième siècle sur notre commerce et notre industrie, une espace de 46 années de paix contre 27 années de guerre ; tandis que la période du règne de Louis XIV, présente 45 années de guerre, contre 28 années de paix. Achevons de démontrer la justesse de cette conséquence, en résumant les faits commerciaux et en indiquant les autres circonstanses politiques qui ont amené cette progression dans le commerce extérieur.

Les importations de toutes les puissances et contrées de l'Europe, s'élevoient à la fin du règne de Louis XIV (1) à la somme de 71 millions ; et au moment de la révolution elles montent à 380 millions , ce qui fait une augmentation dans la proportion d'un à cinq et un tiers environ (2).

Les exportations de la France pour les puissances et contrées de l'Europe , s'élevoient à la fin du règne de Louis XIV, à la somme de 105 millions (3) ; au moment de la révolution , elles montent à 424 millions (4) , ce qui fait une augmentation dans la proportion d'un à quatre.

Cette masse d'exportations pour l'Europe de 105 millions , à la fin du règne de Louis XIV , et celle de 424 millions , au moment de la révolution , peuvent se

------

(1) Pièces justificatives : tableau , numéro premier , lettre A.

(2) *Idem.* Tableau , numéro premier , lettre C.

(3) *Idem.* Tableau , numéro premier , lettre B.

(4) *Idem.* Tableau , numéro premier , lettre D.

partager en cinq classes de marchandises
(1).

La premiere classe se rapporte AUX PRO-
DUITS DU SOL DE LA FRANCE, dont l'exportation étoit à la fin du règne de Louis
XIV de 36 millions, et se trouve, au moment de la révolution, de 93 millions.

La seconde classe comprend, LES AR-
TICLES DE L'INDUSTRIE FRANÇOISE, dont la
valeur exportée montoit, à la fin du règne
de Louis XIV, à 45 millions, et au moment de la révolution, à 133 millions.

La troisième classe concerne LES DEN-
RÉES DES ISLES FRANÇOISES DE L'AMÉRIQUE,
réexportées à l'étranger, formant seulement une valeur de 15 millions à la fin
du règne de Louis XIV, et devenues un
objet de 152 millions, au moment de la
révolution.

La quatrième classe, enveloppe LES
MARCHANDISES PROVENUES DU COMMERCE
FRANÇOIS AUX INDES ORIENTALES, et ré-

____________________

(1) Pièces justificatives : tableau, numéro 2,
lettre F.

R 4

exportées à l'étranger ; à la fin du règne de Louis XIV, cet article étoit de 2 millions 650 mille livres, et au moment de la révolution, c'est un objet de 4 millions 160 mille livres.

Enfin, la cinquième et dernière classe renferme LES MARCHANDISES D'ORIGINE ÉTRANGERE réexportées dans toutes les contrées de l'Europe : à la fin du règne de Louis XIV, cette partie étoit de 6 millions ; elle se trouve de 40 millions, au moment de la révolution.

La balance générale en argent due pour le résultat du commerce françois par toutes les puissances ou contrées de l'Europe ; ( l'empire Ottoman, et les nations Barbaresques exceptés, ) paroissoit à la fin règne de Louis XIV, de 36 millions, et au moment de la révolution, elle monte à près de 57 millions (1).

On a vu dans le chapitre IX relatif

______

(1) Pièces justificatives. Voyez les deux résultats des deux tableaux, numéro premier.

au commerce avec l'empire Ottoman et les nations Barbaresques', comment devoit être envisagé l'excédent de 12 millions de valeurs des importations en France, sur nos exportations au Levant : cet excédent est formé des différentes classes de bénéfices acquis à la nation Françoise. C'est donc avec raison qu'on ne le confond pas avec *la balance en argent*, ou solde définitif composant la dette ou la créance de la France, vis-à-vis des autres puissances ou contrées de l'Europe.

Cette balance en argent de 57 millions doit nous être comptée, soit par l'Espagne qui reçoit nos marchandises manufacturées, et nous livre en échange des matières brutes ; soit par l'Allemagne dont les princes souverains consomment pour des valeurs considérables des produits de l'industrie Françoise, compensés en partie par les retours en matières brutes récoltées par les Allemands; soit enfin par la Hollande et les villes anséatiques qui se chargent de débiter les denrées de notre territoire, et les productions du sol de nos colonies dans tout le Nord , en même tems que ces Républicains navigateurs nous apportent les marchandises navales propres à fortifier l'existence de la marine Françoise.

Le solde dû par toutes ces puissances ou contrées , est de 104 millions ; mais avant que cette somme puisse entrer dans l'augmentation du numéraire circulant en France , il faut en destiner une partie à nous liquider de celle de 47 millions , dont nous sommes redevables, soit envers l'Angleterre , pour la fourniture des produits de son sol et de ses manufactures ; soit envers le Portugal qui nous approvisionne des marchandises des Indes orientales ; soit envers l'Italie pour l'achat que nous y faisons des soies et des huiles ; soit enfin à l'égard des Etats-Unis de l'Amérique qui apportent en France des tabacs , des pelleteries et des productions de la pêche , et qui ne chargent point en retours nos marchandises manufacturées, mais seulement quelques articles peu importans des produits de notre sol.

LES CAUSES qui ont élevé notre commerce, avec les contrées de l'Europe, à
un si haut dégré, depuis la fin du règne
de Louis XIV, ne sont par uniquement
particulières à la France. Il suffit de se
rappeller la situation de l'Europe, pendant le dix-septième siècle, pour être
convaincu que le commerce et l'industrie
de chaque peuple en particulier a dû
augmenter pendant le dix-huitième, et
que leur influence sur la fortune publique des autres nations, a eu un mouvement circulaire et générateur de l'accroissement du travail et de ses produits,
dans toutes les contrées de l'Europe.

Les faits sont trop connus, pour qu'on
n'en saisisse pas promptement les conséquences. Dans le dix-huitième siècle,
l'Espagne n'a pas eu à lutter contre deux
peuples qui secouoient son odieuse domination ; l'Angleterre n'a pas éprouvé les
convulsions de la religion et de la liberté;
la Hollande n'a plus eu besoin d'être continuellement une puissance armée, tantôt contre l'Espagne, tantôt en sa faveur,

contre la France. C'est particulièrement dans le Nord qu'a été plus sensible l'amélioration de la fortune publique. L'Allemagne et la Pologne n'ont pas été troublées, dévastées, incendiées comme dans le dix-septième siècle. Dans le dix-huitième, un simple électeur n'est-il pas devenu un monarque prépondérant? Son second successeur n'a-t-il pas doublé la population de ses états héréditaires , dans une période de 46 années de règne ? Dans ce siècle , le Danemarck a étendu son commerce maritime : la Suéde a cessé d'être conquérante , pour s'adonner à l'agriculture et au commerce ; enfin la Russie est sortie de la barbarie et a connu les arts , le commerce et la navigation.

Toutes ces circonstances réunies ont produit la plus grande activité et une forte émulation dans le commerce des Européens ; elles ont multiplié les consommations , et ce mouvement producteur a particulièrement été favorable à la France , devenue vers le commencement du siècle, propriétaire d'objets nouveaux de consommation. Avec le secours des denrées de nos isles d'Amérique, la France a fondé une marine coloniale importante ; elle a fait ainsi valoir les marchandises navales du Nord, pendant que les capitalistes, les armateurs et les négocians François, en s'enrichissant par le commerce, comme les agens du gouvernement par la part qu'ils obtenoient dans la progression des impôts sur les consommations, se sont livrés à un luxe qui a augmenté le débouché des produits du sol et de l'industrie des contrées méridionales de l'Europe.

# SECTION DEUXIEME.

*Commerce en Asie, soit dans les Etats de l'Inde, soit en Chine* ( 1 ).

SI quelque chose peut offrir un contraste complet entre la grandeur des moyens employés au succès d'une entreprise, et la médiocrité des résultats, c'est bien véritablement le tableau qui va suivre du commerce françois en Asie, 126 ans après sa fondation.

Quoique les Normands et les Bretons

______________

( 1 ) En traitant du commerce françois en Asie, en Afrique et en Amérique , afin de rassembler sous un seul point de vue , les relations commerciales de la France dans toutes les parties du globe , il m'a été impossible de n'avoir pas fréquemment recours à l'histoire philosophique et politique des établissemens et du commerce des Européens dans les deux Indes. Je désire que l'on s'apperçoive que j'ai souvent mis à profit les leçons de ce grand maître , pourvu que je ne sois pas jugé coupable de l'avoir défiguré.

eussent navigué au-delà du Cap de Bonne-Espérance , dès le commencement du seizième siècle et plus particulièrement vers le dix-septième , de grands désastres et de foibles succès , ne pouvoient avoir conduit les François à s'établir solidement et utilement en Asie.

C'est au tems de la gloire de Louis XIV , au commencement du ministère de Colbert , en 1664, que devoient être jetés les fondemens du commerce des Indes orientales. Tous les ressorts qui agissent le plus puissamment sur le cœur humain furent mis en œuvre : la vanité , l'ambition et la cupidité. LA VANITÉ. Louis XIV tint dans son palais et présida la première assemblée des principaux intéressés. Il écrivit cent dix-neuf lettres aux maires et échevins des principales villes du royaume ; il engagea les grands de sa cour à seconder ses desseins. L'AMBITION. Il fit don à la Compagnie à perpétuité , et en *toute souveraineté* de l'Isle S. Laurent ou Madagascar, et de toutes les autres places et isles qu'elle pourroit conquérir sur les ennemis, avec la faculté de nommer des ambassadeurs au nom de sa majesté vers les rois et les princes des Indes, et de faire des traités avec eux. LA CUPIDITÉ. La Compagnie dès 1668, avoit été dotée par le gouvernement de 4 millions qui équivalent à 8 millions d'aujourd'hui, d'abord à titre d'avances qui se tournèrent en pur don, en 1693 ( 1 ).

Tant de faveurs n'empêchèrent pas la Compagnie de déserter en 1670, le comptoir de Surate, sans payer ses dettes, d'être chassée de Siam, où elle avoit eu, ainsi qu'à Tunquin, de brillantes espérances d'établissement, et d'abandonner en 1697 à une association particulière, l'exploitation du commerce de la Chine ( 2 ). Ce dernier commerce avoit pris naissance en

---

( 1 ) Mémoire pour les actionnaires de la compagnie des Indes ( 1769 ) ; et dictionnaire du commerce de Savary, tome 2, au mot *compagnie des Indes Orientales.*

( 2 ) Histoire philosophique et politique des établissemens et du commerce des Européens dans les deux Indes, tome 2.

1660,

1660, par les soins d'un négociant de Rouen; mais à peine ses armemens étoient-ils préparés que son privilège fut réuni deux années après sa création, à celui de la Compagnie des Indes orientales ( 1 ).

Quelques dispositions nouvelles prises à la paix de Riswick pour rétablir Pondichéry ruiné par les Hollandois, pendant la guerre de 1689, ne purent rendre fructueux le commerce d'Asie entre les mains de la Compagnie. Ses ventes ne s'étoient élevées pendant les 20 premières années de son établissement, qu'à la somme de 9 millions, ou 18 millions, environ, valeur actuelle ( 2 ).

« La Compagnie se vit forcée en 1707 de consentir que de riches négocians envoyassent leurs propres vaisseaux dans l'Inde , sous la condition qu'elle retireroit 15 pour cent de bénéfice sur les mar-

––––––––––––––––––––––––––––

( 1 ) Dictionnaire du commerce de Savary, tom. 2; au mot *compagnie*.

( 2 ) Histoire philosophique et politique , etc. tome 2.

*Tome I.*                 S

chandises qu'ils rapporteroient, et qu'elle auroit le droit de prendre sur ces navires l'intérêt que ses facultés lui permettroient. Bientôt même elle se vit réduite à céder l'exercice entier et exclusif de son privilège à quelques armateurs de S. Malo, mais sous la réserve du même indult qui depuis quelques années lui conservoit un reste de vie. Cette situation désespérée ne l'empêcha pas de solliciter en 1714, le renouvellement de son privilège qui étoit prêt d'expirer, et dont elle avoit joui un demi-siècle. Quoiqu'elle n'eût plus rien de son capital de 15 millions, et que ses dettes s'élevassent à 10 millions, il lui fut accordé une prorogation de 10 ans ( 1 ) ».

La nouvelle association formée en 1698, pour le commerce de la Chine abandonné vers cette époque par la Compagnie des Indes, eut d'abord quelques succès. Il fut

---

( 1 ) Histoire philosophique et politique des établissemens et du commerce des Européens dans les deux Indes, tome 2.

expédié cinq vaisseaux jusqu'en 1703 ; mais la guerre de la succession d'Espagne découragea cette compagnie : ce commerce ne prit de consistance que lorsqu'il fut réuni en 1719 à celui des Indes ( 1 ).

Telle étoit à la fin du règne de Louis XIV , la situation du commerce de la France en Asie. Nos établissemens consistoient alors dans l'Inde , en quelques comptoirs à Pondichéry , à Surate et à Mazulipatam , outre des loges dans quelques autres lieux. Nous avions un établissement à Canton dans la Chine , un autre à Moka dans l'Arabie, et un dernier à Bander-Abassi en Perse ; mais à peine venoit-il d'Asie, depuis vingt ans , c'est-à-dire depuis l'année 1699 jusqu'en 1719, un ou deux vaisseaux par an ( 2 ).

Quoiqu'il en soit , la totalité des retours des Indes orientales, s'élevoit à la

_______

( 1 ) Dictionnaire du commerce de Savary , tome premier. État général du commerce de l'Asie.
( 2 ) *Idem.*

fin du règne de Louis XIV, à la somme de 6 millions 368 mille livres ( 1 ), prinpalement, 1°. en poivre et café, 2 millions, 757 mille livres ; 2°. en mousseline, 2 millions, 790 mille livres ; 3°. en or en lingots, 400 mille livres.

Les exportations de France pour l'Asie montoient à la fin du même règne à 2 millions, 852 mille livres ( 2 ), dont particulièrement pour 2 millions 173 mille livres de piastres, 542 mille livres de corail ouvré et 107 mille livres en bois et métaux.

Il est facile de se persuader que le commerce d'Asie ne prit aucun accroissement sensible, tant que l'exploitation en fut confiée à la compagnie d'occident, liée aux opérations du système de Law. Les régies de la vente du tabac, des monnoies, des recettes et des fermes générales, et

---

(1) Pièces justificatives : tableau , numéro 2, lettre A.

(2) Pièces justificatives : tableau , numéro 2, lettre B.

le jeu des billets et des actions de la banque, absorbèrent certainement toute l'attention des directeurs et administrateurs de la fameuse Compagnie des Indes.

Ce ne fut même qu'en 1730, que le commerce d'Asie sembla recevoir quelqu'extension. Les François obtinrent à cette époque de la cour de Delhy, la permission de battre monnoie, privilège qui leur valut 4 à 500 mille livres par an. Vers ce tems, Dupleix fondoit le comptoir de Chandernagor qu'il quitta après l'avoir fait prospérer pendant 12 ans, pour être mis en 1742, à la tête de tous les établissemens françois à Pondichéry. Cette même année, les retours en France des marchandises des Indes orientales montèrent à 24 millions de valeurs ( 1 ).

La Bourdonnaie gouverneur de l'Isle de France, avoit déja jetté les fondemens de la fortune des François en Asie, par

_______

( 1 ) Histoire philosophique et politique des établissemens et du commerce des Européens dans les deux Indes, tome 2.

la réputation de ses entreprises hardies et heureuses sur Madras, établissement des Anglois à la côte de Coromandel. Ses étonnans succès lui valurent les horreurs d'un cachot, à son retour en France.

Dupleix acheva de nous conduire au plus haut dégré de prospérité en se rendant nécessaire aux princes Indiens. Il obtint aux François pour prix de leurs services des territoires immenses qui leur furent cédés vers 1751. « Karical et Pondichery virent augmenter chacun leur territoire d'une espace de dix lieues, et de quatre-vingt aldées, ou villages : mais c'étoit encore peu de chose auprès du territoire qu'on gagnoit au Nord. Des concessions importantes rendoient les François maîtres dans une étendue de six cent milles. Les revenus publics étoient montés à 12 millions (1) ».

On sait quelles récompenses ces deux

______

(1) Histoire politique et philosophique des établissemens du commerce des Européens dans les deux Indes, tome 2.

hommes de génie obtinrent de leurs utiles travaux. On n'a pas oublié sur-tout, les événemens qui suivirent le départ de Dupleix, de l'Asie : la prise de Pondichery, la fin tragique du gouverneur Lally, repassé en France, la fortune immense et rapide des Anglois dans l'Inde, et la détresse de la compagnie françoise, à la paix de 1763.

Elle crut, à cette époque, que débarassée de la surveillance d'un commissaire du roi, elle revivifieroit ses opérations ; mais ces principes de liberté qu'elle avoit invoqués en 1764, tournèrent contre son existence en 1769, tems où l'exercice de son privilége fut suspendu, et le droit restitué aux négocians françois d'exploiter le commerce d'Asie.

Ils en demeurèrent en possession jusqu'à la création en 1785, d'une nouvelle compagnie dotée de nombreux avantages. Les administrateurs en ont joui jusqu'au mois de mai 1790 ; alors, un décret de l'assemblée nationale prononça la liberté du commerce de l'Inde au-delà du Cap-de-Bonne-Espérance, et une autre loi du mois d'août suivant indique le port de l'Orient dans l'Océan et celui de Cette dans la Méditerrannée pour recevoir les cargaisons qui proviendront du commerce d'Asie.

Nos possessions actuelles dans le continent de l'Asie, assurées par le traité de paix de 1783, avec l'Angleterre, consistent « dans la souveraineté de Pondichery, de Karical, d'Yannon sur la côte de Coromandel, de Mahé sur celle de Malabar, et de Chandernagor sur les rives du Gange, indépendamment de quelques aldées ou villages annexés à ces chefs-lieux, épars et séparés par de grandes distances.

« Des considérations politiques et mi-lititaires ; l'impossibilité de défendre au commencement d'une guerre, des points aussi éloignés de tout secours ; l'expérience qui nous a plus d'une fois appris que Pondichery même ne pouvoit devenir une bonne place ; la certitude qu'elle nous seroit enlevée par les Anglois qui entretiennent quatre-vingt mille hommes de troupes dans l'Inde, dès les premières hostilités, et avant même qu'on pût en apprendre le siège; ces considérations ont fait prendre au roi la résolution d'en retirer les troupes, l'artillerie, et de ne regarder désormais les possessions que comme des comptoirs utiles à notre commerce (1) ».

Quant à nos relations en Chine, elles s'exercent par tous les Européens à Canton; mais des circonstances particulières firent accorder aux François en 1745 la liberté d'établir leurs magasins dans l'isle de Wampou, qui est salubre et peuplée (2).

Au moment de la révolution, les cargaisons rapportées de l'Asie en France,

---

(1) Lettre écrite par le ministre de la marine à l'assemblée nationale, au mois de mars 1790.

(2) Histoire philosophique et politique des établissemens et du commerce des Européens dans les deux Indes.

s'élèvent à une valeur de 34 millions 700 mille livres, année moyenne de 1785, 1786 et 1787 (1). Elles sont le résultat et le concours des opérations de la nouvelle compagnie avec celles arriérées des négocians, auxquels le reglement de 1785, constitutif du privilège accordoit un délai pour recevoir le produit des expéditions qu'ils avoient faits pour l'Asie, avant la proclamation de ce privilège exclusif. Ce résultat qui paroît enflé, si on le compare à celui obtenu tant par l'ancienne compagnie des Indes que par le commerce libre, s'est encore soutenu en 1788, époque qui présente une masse de retours de 33 millions 300 mille liv. provenans, soit des opérations de la compagnie, soit des cargaisons des négocians qui ont obtenu la faculté de faire quelques armemens.

Il paroît donc que la consommation en France des marchandises d'Asie a fait

_______________

(1) Pièces justificatives : tableau, numéro 2, lettre C.

des progrès depuis quelques années ; car avant la dernière guerre , la totalité des retours ne s'élevoit pas à plus de 22 millions , tandis qu'ils montent depuis la paix annuellement à 33 millions (1).

Les classes de marchandises rapportées d'Asie , au moment de la révolution , consistent ; 1°. en 26 millions 600 mille livres d'ouvrages manufacturés , comme toiles de coton blanches et peintes, mousseline , mouchoirs , nankins , et étoffes de soie ; 2°. Pour 6 millions en canelle , poivre , thé , café moka ; 3°. Pour 1 million 150 mille livres de matières brutes en bois d'inde , soie , coton , dents d'éléphants etc. ; 4°. Pour 493 mille livres de porcelaine , éventails , coquillages et au-

----

(1) Il est bon d'observer que sur cette masse de retour évaluée, soit à 22, soit à 33 millions, en marchandises d'Asie , les reventes aux nations étrangères ne s'élèvent pas annuellement à plus de 6 millions de valeurs même lorsque les bénéfices de la contrebande des thés en Angleterre engageoient à composer de cette denrée les trois quarts de la masse totale de la réexportation en marchandises d'Asie.

tres ; 5°. enfin, pour 367 mille livres de drogues pour la teinture et la médecine et articles de moindre importance.

Les exportations de France pour l'Asie montent, au moment de la révolution, à une valeur de 17 millions 400 mille livres (1), dans laquelle somme se trouve comprise ; 1°. celle de 15 millions 253 mille livres en piastres ; 2°. la valeur de 654 mille livres en marchandises manufacturées, fabriquées et ouvragées ; 3°. La somme de 745 mille livres en vins et eaux-de-vie ; 4°. pour 700 mille livres en bois et métaux ; 5°. enfin, pour 72 mille livres en articles de moindre importance. La plupart de ces marchandises sont moins objets de commerce que de consommation, soit pour les équipages des bâtimens nationaux qui naviguent vers les Indes orientales, soit pour les François ou autres Européens résidens dans nos comptoirs de l'Asie.

_______________

(1) Pièces justificatives : tableau, numéro 2, lettre D.

L'excédent de 17 millions de valeur, remarqué dans la comparaison du montant des retours de l'Asie avec la somme des exportations de France , semble présenter un bénéfice de 5o pour cent dans l'exploitation de ce commerce; mais cette différence compense en partie les fais de navigation ou les bénéfices du fret , le prix des assurances d'aller et de retour, les profits de la commission, de l'entrepôt ou de l'enmagasinage : ce qui peut réduire de 10 à 15 pour cent le bénéfice *net* et annuel du commerce d'Asie pour les négocians armateurs.

Il existe encore une autre branche de commerce exercée par les Européens dans cette partie du globe. C'est le commerce d'Inde en Inde , qui n'est actuellement presque rien pour les François, mais qui est estimé rapporter aux Anglois de 32 à 36 millions, outre le montant de leurs ventes en Europe , qui s'élève de 72 à 80 millions , et indépendamment d'un revenu de 140 millions qu'ils retirent annuellement du Bengale, tant par les baux des terres que par les impôts (1).

Quelle différence de position dans l'Inde entre les deux nations Françoise et Britannique, surtout si l'on ajoûte que cet état prospère de l'Angleterre est soutenu de 80 mille hommes de troupes qu'elle entretient en Asie !

PEUT-ON concevoir rien de plus monstrueux que le parallèle à faire entre l'écoulement d'un milliard dans le gouffre d'Asie, depuis plus d'un siècle (2), soit par l'exportation des matières d'or et d'argent destinées tant aux échanges qu'aux dépenses d'administration, soit par les

---

( 1 ) Etat actuel de l'Inde, et considérations sur les établissemens et le commerce de la France dans cette partie du monde, etc. par un administrateur de la dernière compagnie des Indes.

(2) Mémoire sur la compagnie des Indes, par l'abbé Morellet ( 1769). Histoire philosophique et politique, etc. ; et consultation pour les actionnaires de la nouvelle compagnie des Indes.

sacrifices de tout genre faits par le gouvernement en faveur des compagnies privilégiées, et le chétif résultat d'un débouché de quelques centaine de mille livres qu'obtiennent aujourd'hui les produits de notre sol et de notre industrie? Existe-t-il une branche de commerce moins salutaire au progrès de la fortune publique de la France considérée essentiellement comme puissance territoriale, que celui qui n'exporte aucunes de nos denrées, aucuns de nos ouvrages manufacturés, et qui nous apporte annuellement pour plus de 30 millions de marchandises de luxe toutes prêtes à consommer ?

Un semblable résultat n'est-il pas aussi éloigné qu'il soit possible du véritable intérêt du corps de la nation composé de tant de citoyens sans propriétés foncières, qui trouveroient leur subsistance, en vétissant eux-mêmes les riches propriétaires avec les produits des manufactures nationales ? On objectera, sans doute, que les nations Européennes qui

commercent en Asie remplaceroient auprès des consommateurs les négocians
François, si ceux-ci n'alloient pas eux-
mêmes chercher à leur source les riches
productions desIn des orientales? Mais est-
il bien démontré que l'intérêt national en
eût souffert? Quel avantage si grand avons-
nous retiré de ce commerce direct, si ce
n'est peut-être d'avoir facilité en France
une plus grande consommation des marchandises d'Asie, et dans la proportion
augmentative d'un à cinq depuis 72 ans,
défalcation faite du montant de nos
ventes ou réexportations chez les nations
étrangères?

En effet, toutes les discussions enga-
gées et reprises à différentes époques de
ce siècle sur la nécessité d'un privilège
et d'une compagnie pour exploiter exclusivement le commerce des Indes orientales, ne font-ils pas consister l'intérêt
commercial d'un tel établissement dans
les moyens qu'il offre de fournir au consommateur François les marchandises
d'Asie, à un moindre prix que celles qui
seroient

seroient introduites en France par les autres nations européennes ? Or il est évident que si ce but a été rempli, le moindre prix a dû reculer les bornes de notre consommation, et sous ce seul point de vue, le privilège qui a procuré cet avantage a porté un coup plus fatal, que n'auroit fait le commerce libre, à l'industrie françoise.

On ne peut rien ajouter à ce qui a été dit contre l'existence du privilège, ou pour en soutenir l'utilité, dans les nombreux écrits où tous les intérêts ont été si souvent pesés : car il n'existe aucune question de commerce qui ait été en France aussi bien approfondie ; mais en envisageant le point où est arrivé le commerce national en Asie après 126 ans depuis sa fondation, il n'est personne qui ne puisse conclure que le régime prohibitif ne méritoit pas une protection aussi fastueuse, aussi dispendieuse de la part du gouvernement ; et que la question de son plus ou moins d'utilité n'étoit pas susceptible d'occuper l'opinion publique d'une manière aussi éclatante qu'il est arrivé à différentes époques de ce siècle. Ce n'étoit pas la peine enfin de faire si long-tems infidélité au système de la liberté, en faveur d'une branche de notre commerce extérieur qui ne pouvoit produire des effets plus destructeurs de la fortune publique chez une puissance territoriale comme la France, 'lors même qu'elle auroit été soumise dans tous les tems, comme aujourd'hui, aux spécula-lations des négocians de tous nos ports de mer.

# SECTION TROISIEME.

*Commerce en* AFRIQUE *, soit pour la traite des marchandises et des esclaves , soit avec les isles de France et de Bourbon.*

JE viens de parcourir les différens âges d'un commerce long-tems gratifié par le gouvernement, quoique ruineux pour la nation françoise considérée essentiellement comme puissance territoriale. Je vais parler maintenant d'un trafic sanguinaire, la honte des peuples modernes de l'Europe , et encouragé cependant par des récompenses pécuniaires depuis son origine. L'humanité en gémit ; la politique combine froidement ses résultats ; la philosophie lui jure une guerre éternelle ; mais les législateurs de la France ont déja apperçu toutes les conséquences d'un changement trop subit dans la direction de ces sources , quoiqu'impures, de la fortune publique.

Les Européens n'ont pas toujours paru comme corsaires sur les rives de l'Afrique. « Vers la fin du quatorzième siècle, les Normands et les Bretons avoient plusieurs établissemens sur ses côtes occidentales depuis le cap Verd jusqu'à la Guinée ; ils pénétroient même dans l'intérieur de l'Afrique , en remontant les rivières de Sénégal et de Gambie , et après avoir traversé quelque distance par terre , ils embarquoient par le Niger les marchandises qu'ils avoient apportées d'Europe , et les répandoient dans la Nigritie et dans les riches royaumes de Tombut et de Melli : ces marchandises consistoient principalement en toiles, couteaux, eaux-de-vie, sel et grains de verre, qui étoient échangés contre des cuirs , de l'yvoire, des gommes, des plumes d'autruche, de l'ambre gris et de la poudre d'or. Les guerres funestes sous la démence de Charles VI , diminuèrent peu-à-peu les expéditions des François en Afrique : de tous leurs établissemens, il ne restoit plus dans le quinzième siècle que celui du Niger, un des plus voisins, appellé l'isle Saint-Louis (1)».

La découverte de l'Amérique ayant fait changer d'objets aux relations commerciales de l'Europe avec l'Afrique, des négocians de Dieppe et de Rouen, associés sous le titre de *compagnie du cap Verd*, commencèrent en 1621 à déployer le pavillon François sur les côtes occidentales, et à former dans la rivière de Sénégal un établissement qu'ils cédèrent en 1664 à la nouvelle compagnie des Indes occidentales. Celle-ci avoit obtenu à cette époque, parmi ses concessions, le privilège exclusif de faire tout le commerce des côtes d'Afrique, depuis le cap Blanc jusqu'au cap de Bonne-Espérance, ce qui comprend plus de 1500 lieues de

_______________

(1) Mémoire sur l'état du commerce intérieur et extérieur de la France, depuis la première croisade jusqu'au règne de Louis XII, pages 111 et 112.

côtes (1). Le privilège de cette compagnie ayant été révoqué vers 1672, Colbert proposa de payer 10 livres par tête de noirs qui seroit transportée dans nos colonies d'Amérique, par les armateurs françois; mais bientôt revenant aux idées exclusives, il fonda en 1673 une compagnie du Sénégal en faveur de laquelle il porta à 13 livres cette gratification (2).

L'étendue de la concession pour la traite des marchandises et des esclaves sur toutes les côtes occidentales d'Afrique fut vers cette époque divisée en deux parties qui entraînèrent la double dénomination de *commerce du Sénégal* et de *commerce de Guinée.*

Le *commerce du Sénégal* comprend celui qui s'exerce depuis cette rivière jusqu'à celle de Gambie. Le privilège en fut définitivement attribué en 1685, à la *com-*

_______________

(1) Dictionnaire de Savary, tome 2, au mot *compagnie.*

(2) Recherches et considérations sur les finances de France, depuis 1595 jusqu'en 1721.

*pagnie* dite *du Sénégal*, qui se renouvella depuis, trois fois, sans changer d'objet, en 1696, en 1704 et en 1718, jusqu'à ce qu'enfin l'étendue de sa concession fit partie en 1719 du privilège de la grande compagnie des Indes ; cette derniere continua d'en jouir jusqu'en 1743 qu'elle abandonna entièrement la traite sur les côtes occidentales de l'Afrique (1).

Le *commerce de Guinée* comprend celui qui s'exerce depuis la rivière de Serre-Lionne inclusivement jusqu'au cap de Bonne-Espérance. L'exploitation en fut confiée en 1685, époque de la défection du commerce du Sénégal, à une compagnie privilégiée qui s'engagea à introduire annuellement mille noirs dans nos colonies d'Amérique ; mais n'ayant point satisfait à cet engagement, elle fut forcée

______

(1) Dictionnaire du commerce de Savary, tom 2; au mot *commerce*. — Recherches et considérations sur les finances de France, depuis 1595 jusqu'en 1721; et mémoire sur la situation de la compagnie des Indes par M. l'abbé Morellet (1769).

T 4

de céder en 1701 son privilège à une nouvelle association, qui s'obligea à y trans-
porter 3 mille noirs, moyennant qu'elle
jouiroit de tous les avantages accordés à
l'ancienne compagnie, et notamment
de la remise de la moitié des droits sur
les marchandises des Isles qu'elle rap-
porteroit en France. Celle-ci fit mieux ses
affaires que la précédente, sans être d'une
plus grande utilité pour nos possessions
de l'Amérique ; mais le traité de l'*assiente*
ou la ferme qu'elle obtint pour l'introduction des noirs dans les colonies Espagnoles, pendant la guerre de la succession,
lui fournit les moyens de s'enrichir. Son
privilège comme *compagnie de Guinée*
devoit cesser en 1705 ; il fut prorogé sous
le titre de *compagnie des assientistes*, jusqu'à la paix d'Utrecht en 1713. — Enfin la
premiere année du règne de Louis XV,
en 1716, on rendit à tous les négocians
des ports de mer, la liberté du commerce
de Guinée, depuis la rivière de Serre-Lionne inclusivement jusqu'au cap de Bonne-

Espérance (1). Il n'a pas été depuis porté atteinte à cette liberté ; les armateurs même ont profité de l'abandon fait en 1743, par la compagnie des Indes, de la traite sur les rives du Sénégal, et ont joui du droit d'y commercer jusqu'en 1772.

A. cette époque : « Un homme inquiet et ardent persuada à quelques citoyens crédules que rien ne seroit plus aisé que d'arriver par des routes jusqu'alors inconnues à Bambouk et à d'autres mines non moins riches ; un ministre ignorant seconda l'illusion par un privilège exclusif, et l'on dépensa des sommes considérables à la poursuite de cette chimère. La direction du monopole passa deux ans après dans des mains plus sages ; et l'on s'est borné depuis à l'achat des noirs qui doivent être portés à Cayenne où la société a obtenu un territoire immense (2) ».

_________________

(1) Dictionnairie du commerce de Savary, tom. 2; au mot *commerce.*

(2) Histoire philosophique et politique des établissemens et du commerce des Européens dans les deux Indes, tome 5, pages 226 et 227.

Quelques années après la pacification de 1783, la compagnie du Sénégal obtint un règlement du mois de Novembre 1786, qui proroge son privilège jusqu'au mois de Juillet 1796, en fixe les limites entre le cap Blanc et le cap Verd, y comprend la traite de la gomme, des noirs, de l'or, du morphile ou yvoire, de la cire et de tous les articles dont cette partie est susceptible, à la charge par cette compagnie de pourvoir elle-même aux dépenses civiles et militaires du Sénégal, et d'importer annuellement 400 noirs à Cayenne (1). Enfin le commerce du Sénégal a été déclaré libre à tous les François, par un décret de l'Assemblée Nationale du mois de Janvier 1791.

Quant à la traite des esclaves sur les côtes orientales d'Afrique, soit près de Mozambique, soit à Madagascar, les armateurs françois n'ont fréquenté habituellement ces parages que vers le mi-

_______________

(1) Journal politique de Bruxelles (article France), à la suite du mercure du 23 juin 1787.

lieu de ce siècle, depuis qu'ont été fondées nos colonies des isles de France et de Bourbon. Les noirs de ces côtes servent particulièrement à augmenter la culture et la population de ces isles ; cependant, depuis la paix de 1783, nos bâtimens négriers vont à Mozambique traiter des noirs qu'ils transportent à Saint-Domingue, et reçoivent la gratification de 40 livres par chaque tonneau de la jauge de leur navire, ainsi qu'il sera indiqué ci-après.

A la fin du règne de Louis XIV ou dans les premières années de celui de Louis XV, la traite françoise des marchandises sur les côtes occidentales de l'Afrique, s'élevoit à environ 500 mille liv. en gommes, dents d'éléphans, cuirs en poil, etc., et le nombre d'esclaves qu'on y achetoit, pouvoit monter à 2000, qui, vendus dans nos colonies d'Amérique sur le pied de mille livres chaque, donnoit une somme totale de 2 millions (1). Les marchandises expor-

_______________

(1) Pièces justificatives : tableau, numéro 2,

tées de France pour les côtes d'Afrique
étoient évaluées en masse à 65o mille livres (1).

Au moment de la révolution, nos exportations pour *les seules côtes occidentales
de l'Afrique*, montent à 18 millions dont
plus de 1o millions en marchandises d'o-
rigine étrangère, particulièrement en toilerie, et 8 millions environ en produits du
sol ou de l'industrie de la France (2).

Les marchandises rapportées aujour-
d'hui en France de cette partie de l'Afrique, s'élèvent année moyenne de 1785,
1786 et 1787 à 14 cent mille livres environ en gommes, dents d'éléphans et cuirs
en poil. Les achats de noirs consistent,
au moment de la révolution, dans le nom-

---

lettre A. —— Dictionnaire du commerce de Savary,
tome premier. Etat géneral du commerce de l'Afrique.
—— Préambule de l'arrêt du 26 octobre 1784 ; et mémoire sur la compagnie des Indes par M. l'abbé
Morellet ( 1769 ).

(1) Pièces justificatives : tableau, numéro 2,
lettre B.

(2) *Idem.* Tableau, numéro 2, lettre D.

bre de 30 mille esclaves introduits par les armateurs françois dans nos colonies d'Amérique, année moyenne de 1786, 1787 et 1788 ; ils y ont été vendus à raison de 1300 livres chaque, argent de France, ce qui forme une somme totale de 39 millions payés en denrées coloniales, dont la valeur a dû se réaliser en Europe, sur le prix de ces denrées au marché général (1).

Non-seulement l'état actuel de la traite françoise sur les côtes de l'Afrique offre une progression au-delà de toute mesure, par rapport au résultat constaté pour la fin du règne de Louis XIV: mais il présente encore une augmentation de plus de moitié sur le nombre de noirs enlevés par les armateurs françois, avant la der-

---

(1) Pièces justificatives : tableau, numéro 2, lettre C.

La partie du commerce d'Afrique, dont on rend compte actuellement, ne comprend pas nos relations avec les isles de France et de Bourbon, dont il sera fait mention ci-après.

nière guerre, nombre qui n'étoit alors évalué que de 14 à 15 mille esclaves (1).

Les motifs de cette augmentation peuvent se rapporter d'un côté aux soins pris par le gouvernement depuis la pacification de 1783, pour multiplier et protéger les établissemens françois sur les côtes occidentales de l'Afrique; et d'un autre côté à la nature et l'étendue des encouragemens pécuniaires qu'il a donnés aux amateurs françois.

On a remarqué précédemment qu'une des récompenses fixées pour assurer le succès de la traite avoit consisté, sur la fin du siècle dernier, à procurer une remise de moitié des droits sur les marchandises coloniales rapportées en France, pourvû qu'elles formassent le prix de la vente des noirs : ce mode d'encouragement a été changé par le reglement du mois d'Octobre 1784, et on y a substitué, 1°. une gra-

---

(1) Histoire philosophique et politique des établissemens et du commerce des Européens dans les deux Indes, tome 5 ; et préambule du réglement du 26 octobre 1784.

tification de 40 livres par chaque tonneau
de la jauge des navires, gratification payable au départ de France des bâtimens ar-
més pour les côtes d'Afrique ; 2°. une
prime locale d'abord fixée à 60 livres et à
100 livres , et postérieurement portée de
160 livres à 200 livres par tête de noirs introduits dans la partie du Sud de l'isle St-
Domingue et dans les isles du Vent.

Les effets de ces deux espèces d'encouragemens sont bien distincts ; la gratification de 40 livres par tonneau devoit provoquer un plus grand nombre d'armemens pour la traite , et par une suite nécessaire, l'affluence des noirs dans toutes
nos colonies indistinctement ; les primes
locales de 160 livres et de 200 livres,
avoient pour but d'en forcer préférablement la vente dans celles de nos isles, qui
manquoient totalement de cultivateurs
esclaves.

Les sacrifices faits par le gouvernement
par cette double faveur, se sont élevés,
année moyenne de 1785 à 1788 inclusivement, à 2 millions 340 mille livres. On

a vu que ces sacrifices avoient rempli l'objet proposé d'augmenter la population de nos colonies d'Amérique ; mais il n'est pas moins constant que le mode de gratification de 40 livres par tonneau , qui avoit été regardé comme une faveur de 33 livres par chaque noir acquis à la culture de nos isles , a procuré 300 livres et 400 livres par tête à un certain nombre de spéculateurs. Cet abus, constaté et connu par l'expérience du gouvernement devoit être réformé au moment de la révolution ; et la gratification de 40 livres par tonneau devoit être convertie en une prime dont le taux n'est pas encore déterminé , mais qui devoit être payable par chaque noir introduit effectivement dans les colonies françoises de l'Amérique.

Lorsque l'assemblée législative pourra s'occuper des grandes questions de commerce , il n'y manquera pas d'hommes éclairés et humains, qui répéteront courageusement qu'il vaut mieux consacrer annuellement 2 millions à faire naître en Amérique 6 mille familles nouvelles de noirs ,

noirs, que d'employer la même somme à arracher de leurs foyers un semblable nombre de familles africaines!

Une administration paternelle de la part des propriétaires ou principaux agens des habitations de nos Colonies, encouragée par des récompenses d'une nature honorable et lucrative, distribuées par le gouvernement, peuvent amener successivement à les repeupler de cultivateurs de races africaines, par l'excédent des naissances sur le nombre des morts. Cet ordre de choses doit être le résultat peut-être lent, mais infaillible de l'accord qui subsistera entre les corps administratifs de nos isles d'Amérique, et l'assemblée nationale de France.

En se reportant des côtes occidentales de l'Afrique sur les côtes orientales, on apperçoit des relations commerciales, pour la nation, d'une autre nature. Ce sont celles qui s'exercent entre nos villes maritimes et les isles de France et de Bourbon.

Ces Colonies presque inconnues à la fin

du règne de Louis XIV, n'ont pas eu
d'existence politique avant 1735, époque
à laquelle la Bourdonnaie fut envoyé
pour les gouverner. Leurs premiers habitans furent des François échappés au
massacre fait de leurs concitoyens par les
naturels de l'isle Madagascar où ils s'é-
toient établis dans le siècle dernier.

Au moment de la révolution, les exportations de France pour les isles de
France et de Bourbon, s'élèvent à la
somme de 4 millions 600 mille livres,
particulièrement en métaux, boissons,
vins et eaux-de-vie, comestibles de toute
sorte, et quelques objets manufacturés,
fabriqués et ouvragés en draperie, dorure
fine et autres (1).

Les importations en France de ces
mêmes Colonies s'élèvent pour la même
époque, à 2 millions 700 mille livres de
valeurs, en café-bourbon, année moyenne

_______________

(1) Pièces justificatives : tableau, numéro 2,
lettre D.

des retours de 1785 , 1786 et 1787 (1).
La culture des épiceries en girofle et muscade , conquête très - pacifique due aux
soins de M. Poivre, intendant des isles de
France et de Bourbon depuis l'année 1770
jusqu'à celle de 1773 , n'est pas encore
assez avancée pour qu'elles fassent objets
de cargaisons pour la France. En supposant qu'on parvienne à naturaliser ces
productions , soit dans ces Colonies, soit
dans celle de la Guyanne en Amérique,
au point qu'elles puissent suffire un jour
à notre consommation , ce sera un tribut
de moins à payer aux Hollandois , de 2 millions de valeurs ; car on peut estimer
à cette somme notre approvisionnement
année moyenne , en girofle , muscade et
canelle ; c'est un objet de 5 millions , si
on y comprend le poivre. (2)

_______________

(1) Pièces justificatives : tableau , numéro 2,
lettre C.

(2) Les rapports de notre commerce avec les isles
de France et de Bourbon , se trouvent portés dans
la même colonne que ceux relatifs à nos liaisons avec
l'Afrique en général.

Quant au commerce d'Inde en Inde , exploité par les habitans des isles de France et de Bourbon, il n'existe aucune donnée qui puisse en faire connoître approximativement l'étendue. Il s'exerce comme on sait, soit sur les côtes orientales de l'Afrique près Mozambique et à Madagascar ; soit dans les mers d'Asie : mais le privilège de la dernière compagnie des Indes avoit mis des exceptions à leur cabotage dans la mer Rouge, à la Chine et au Japon.

Aujourd'hui les habitans des isles de France et de Bourbon non-seulement jouissent de la liberté rendue par un décret de l'assemblée nationale au commerce de l'Inde au-delà du cap de Bonne-Espérance ; mais ils ont encore vû réaliser depuis trois ans , le projet conçu par la Bourdonnaie , et recommandé par d'autres administrateurs éclairés , de former de l'isle de France, un entrepôt pour tous les navires Européens qui commercent en Asie. Le reglement du mois de mai 1787 , permet l'admission en franchise des bâtimens étrangers, au Port-Louis, en l'isle de France.

Une autre tentative souvent répétée et toujours infructueuse, est le projet de fonder une colonie à l'isle de Madagascar. Les administrateurs éclairés et les écrivains politiques ont tous préconisé les effets d'un semblable établissement. Depuis cinquante ans le gouvernement paroît s'en être occupé avec constance, et, en particulier, au tems où la Bourdonnaie gouvernoit dans l'Inde, ensuite en 1770 et en 1773, enfin en 1776, époque à laquelle M. le chevalier de la Serre fut envoyé à Madagascar pour prendre une connoissance encore plus exacte du pays. « Il reconnut, comme tous ceux qui l'avoient précédé, que cette isle est susceptible de tout ce que la France voudroit y entreprendre, et que les François y seront toujours favorisés par les habitans qui ont pour eux un penchant éprouvé et une préférence marquée sur toutes les autres nations de l'Europe, pourvu qu'ils n'y abordent pas comme des conquérans qui viennent porter chez eux le fer et la flamme, mais comme des amis qui viennent leur enseigner à mettre en valeur la plus belle terre possible, et s'associer à leurs travaux ( 1 ) ».

---

(1) Situation politique de la France, tome 2, — Histoire philosophique et politique des établissemens et du commerce des Européens dans les deux Indes, tome 2. — État actuel de l'Inde par un administrateur de la dernière compagnie.

L'isle de Madagascar a 336 lieues de long, 120 dans sa plus grande largeur, et environ 800 de circonférence. Sa population qu'on croit de 1500 mille ames, est portée par ceux qui l'estiment au plus bas à 1 million d'habitans.

# SECTION QUATRIEME.

*Commerce en Amérique avec les Isles-Françoises* (1).

C'est un spectacle digne de l'attention d'un philosophe observateur du développement et des progrès de l'industrie humaine, que la nature et l'étendue des succès obtenus en moins d'un siècle, par la nation françoise, de ses possessions dans le grand archipel de l'Amérique.

Cette partie du Nouveau-Monde vit deux peuples voisins et rivaux en Europe, les François et les Anglois, s'établir en 1625, le même jour à St.-Christophe. Une sorte de fatalité, en leur offrant la perspective de nouveaux intérêts, sembloit vouloir multiplier pour eux les occasions de

---

(1) L'exploitation des pêches de la morue, soit au banc de Terre-Neuve, soit aux isles St.-Pierre et Miquelon, fera partie de la section suivante relative aux pêcheries françoises.

V 4

haines , de jalousies ou de rivalités , qui avoient tourmenté si long-tems les deux nations dans l'ancien hémisphère.

Sans suivre les différentes périodes qu'ont parcourues nos isles d'Amérique, depuis le moment de leur découverte jusqu'à celui où elles parurent dignes de fixer plus particulièrement l'attention du gouvernement , il suffira d'observer que la Martinique , Ste.-Lucie , la Guadeloupe , Marie-Galande , les Saints , la Grenade , les Grenadins , St.-Christophe , St.-Martin , St.-Barthelemi , Ste.-Croix , et la Tortue berceau de St. Domingue , après avoir été soumises , dès 1626 , au monopole des compagnies privilégiées qui se renouvellèrent en 1628 , 1635 et 1642 , furent ensuite vendues à des corps et à des particuliers pour 500 mille livres , monnoie actuelle. Ensuite elles furent rachetées par Colbert en 1664 , moyennant la somme de 15 cens mille livres , aussi valeur actuelle (1).

_______________

(1) Histoire philosophique et politique des éta-

Ce ministre établit alors la compagnie des Indes occidentales, pour exploiter le commerce des isles françoises de l'Amérique, celui d'Afrique, de Cayenne et de l'Amérique septentrionale. Dès 1669, le commerce des isles d'Amérique fut déclaré libre, et il fut permis à tous les François indifféremment d'armer pour ces colonies, sous la condition que les désarmemens ou retours se feroient dans les ports d'où les bâtimens étoient partis. Deux années après, on modéra les droits d'entrée en France des denrées de nos isles, et les marchandises embarquées dans nos ports pour ces mêmes colonies furent exemptées des droits de sortie. Si toutes ces faveurs devinrent utiles aux négocians qui exercèrent le commerce d'Amérique, elles n'empêchèrent pas la compagnie des Indes occidentales de succomber dans ses affaires. En 1674, son capital lui fut remboursé, et le roi devint propriétaire

blissemens et du commerce des Européens dans les deux Indes, tome VI.

de tous ses établissemens et des colonies ( 1 ).

Depuis cette époque jusqu'au moment
de la révolution , le commerce de nos
isles d'Amérique ne fut plus enchaîné
sous le régime d'une compagnie à privilège exclusif, à l'exception de Saint-Domingue, ainsi qu'on va le voir.

Dès 1636 , quelques aventuriers françois , chassés de St.-Christophe , s'étoient
emparés de l'isle de la Tortue située à
quelques lieues de St.-Domingue. Les Espagnols, incommodés de leur voisinage,
les obligèrent à l'abandonner en 1638.
Alors le capitaine Willis Anglois alla
s'y établir, et s'y maintint jusqu'en 1640 ,
que le commandeur de Poincy donna
commission au sieur Levasseur de l'en
chasser, en vertu de la première prise de
possession des François. Le fort de la Ro-

---

(1) Recherches et considérations sur les finances de
France , depuis l'année 1595 jusqu'à l'année 1721 ,
tome premier. — Et histoire philosophique et politique, etc. tome VI.

che fut construit pour assurer cette conquête. Tel fut le berceau de l'importante
colonie de St.-Domingue (1).

Les premiers habitans ou aventuriers
qui la peuplèrent, formèrent long-tems
trois bandes qui se livrèrent à des occupa-
tions bien différentes. Les uns qui s'adonnèrent à la chasse, prirent le nom de
*Boucaniers*, parce qu'à la manière des sauvages ils faisoiént sécher à la fumée, dans
des lieux appellés *boucans*, les viandes
dont ils se nourrissoient. Les autres qui
s'adonnèrent à la piraterie contre les Espagnols, se nommèrent *Flibustiers*, du
mot anglois *filbuster*, qui signifie corsaire.
Enfin, la troisième classe, la moins considérable, s'adonna à l'agriculture comme
les autres habitans des colonies françoises.

Les brigandages, les cruautés et le bar-
bare héroïsme des Flibustiers, ont paru

---

(1) Recherches et considérations sur les finances de
France, depuis l'année 1595 jusqu'à l'année 1721,
tome premier, édition *in-quarto*.

avec les couleurs qui leur conviennent, sous la touche vigoureuse de Raynal. Il suffit, pour l'objet de cet ouvrage, d'indiquer qu'ils cessèrent leurs pirateries, et devinrent sédentaires vers la fin du siècle dernier. A peine leurs mains devenues paisibles et laborieuses, entreprenoient-elles de cultiver le sol fertile de St.-Domingue, qu'il se présenta en France une compagnie pour en faire le commerce. Son privilège dura depuis 1698 jusqu'en 1720, que les associés demandèrent eux-mêmes et sollicitèrent leur dissolution. Ce commerce fut alors rendu libre, malgré les tentatives de la fameuse compagnie des Indes orientales, qui essaya inutilement de se faire subroger aux droits de l'ancienne compagnie de St.-Domingue ( 1 ).

Avant d'indiquer quelle étoit, à la fin du règne de Louis XIV, la nature et l'é-

______

( 1 ) Dictionnaire du commerce de Savary , tome 2 , au mot *compagnie*; histoire philosophique et politique des établissemens et du commerce des Européens dans les deux Indes , tome VI.

tendue des relations commerciales de la
France avec ses établissemens dans le
grand archipel de l'Amérique, il est à
propos de dire un mot, soit de l'isle de
Cayenne ou de la Guyanne françoise, soit
du Canada et de la Louisiane, toutes possessions faisant à cette époque partie de
l'empire françois.

Des relations romanesques de la part
des Espagnols et des Anglois qui avoient
visité la Guyanne, les premiers dès 1499,
les seconds en 1595, déterminèrent quelques François, en 1604, à tourner leurs
voiles vers ces contrées. Ils se livrèrent à
des fatigues incroyables dans l'espoir chimérique de découvrir des richesses immenses en or et en pierreries. Rebutés
de tant de travaux, plutôt que désabu-
sés de leurs espérances, ils se fixèrent à
Cayenne. Deux associations faites en 1643
et en 1651, ne recueillirent que des désastres pour eux et les colons qui étoient
venus peupler cette nouvelle possession
françoise. Une autre compagnie se présenta en 1663, qui fut réunie un an après

à la grande compagnie des Indes occidentales. Enfin, Cayenne fut pillée et aban-
donnée par les Anglois en 1667, prise par
les Hollandois en 1672 ; et quatre années
après, elle fut reprise par les François à
qui elle est restée.

Cette chaîne de malheurs éprouvée par
cette colonie dès sa naissance, devint com-
plette en 1688. Alors « les Flibustiers, qui
étoient établis à Cayenne, redevinrent
corsaires, sur la proposition de Ducasse
leur chef, de piller Surinam colonie hollandoise. L'exemple de ces nouveaux colons entraîna presque tous les habitans ;
l'expédition fut malheureuse : une partie
périt dans l'attaque, et les autres faits
prisonniers, furent renvoyés aux Antilles.
La colonie ne se releva jamais de cette
perte (1). » Elle fut même presqu'oubliée
de notre gouvernement jusqu'en 1763,

_______________

(1) Histoire philosophique et politique des établissemens et du commerce des Européens dans les deux
Indes, tome VI.

époque où il consacra 25 millions pour y envoyer périr dix mille hommes, d'ennui, de misère et de maladie. Jusqu'au moment actuel, cette colonie n'a pris que des accroissemens très-insensibles, malgré l'avantage dont elle jouit exclusivement à nos autres possessions de pouvoir commercer avec les nations étrangères. Cette faveur, qui lui a été accordée en 1768, a été prorogée jusqu'en 1792, par le réglement du mois de mai 1784.

Le Canada promettoit de plus heureux succès, non pas cependant aux yeux de Sully qui s'exprime ainsi dans ses mémoires : « Je mets au nombre des choses faites contre mon opinion, la colonie envoyée cette année (1603) en Canada. »

Quoique les fondemens de Quebec, capitale de la Nouvelle-France ou du Canada, fussent jettés par le sieur Champlain dès 1608, que le commerce en eût été confié à une compagnie créée en 1620, les François n'avoient encore, en 1627, que trois misérables établissemens entourés de palissades ; et cinquante habitans , hommes et femmes , composoient la plus grande des colonies du Canada. Deux années après , elle tomba aux pouvoirs des Anglois qui ne la restituèrent qu'en 1631.

Les guerres avec les naturels du pays , ne permirent pas à la colonie de jouir d'une profonde paix avant 1668. A cette époque , la liberté fut rendue au commerce des pelleteries , à l'exception du castor qui resta soumis au monopole. La guerre se ralluma dès 1687 entre les naturels , les François et les Anglois. La pacification générale n'eut lieu qu'à la paix de Riswick en 1697.

Bientôt la guerre de la succession espagnole fournit aux Anglois l'occasion d'attaquer de nouveau le Canada qui ne succomba pas, à la vérité ; mais à la paix d'Utrecht en 1713 , les François furent obligés de leur céder la baie d'Hudson, Terre-Neuve et l'Acadie, trois possessions qui faisoient partie de l'immense pays

connu

connu sous le nom de Nouvelle-France.
(1).

« Le Canada étoit alors dans un état de foiblesse et de misère inconcevable ; les exportations en France ne s'élevoient pas en 1714 à 300 mille livres. Dans le tems le plus florissant qui peut être marqué entre la paix de 1748 et la guerre de 1755, ses exportations ne s'élevèrent pas à plus de 1,200,000. Pour achever de peindre toutes les situations éprouvées par cette colonie, et le genre d'utilité qu'en a retiré la France, il suffira d'ajouter que, pendant les onze dernières années que le Canada a appartenu à cette nation, c'est-à-dire de 1750 à 1760 inclusivement, les dépenses du gouvernement ont été de 122 millions 690 mille livres, sur lesquelles il étoit dû 80 millions à la paix de 1763 (2) ».

La Louisiane n'a pas pompé dans le trésor public une masse aussi effective de

_______________

(1) Histoire philosophique et politique des établissemens et du commerce des Européens dans les deux Indes, tome V.

(2) *Idem.*

*Tome I.*  X

numéraire ; mais sa possession a eu une influence bien plus désastreuse sur la fortune des peuples, au commencement du dix-huitième siècle.

Cette vaste contrée fut découverte avec le Mississipi, en 1699, par Diberville, gentilhomme canadien. En 1712, Crosat, célèbre négociant, demanda et obtint pour quinze ans le commerce exclusif de la Louisiane. Diverses tentatives infructueuses l'ayant désabusé de ses espérances, il se dégoûta de son privilège. Cet état de choses n'empêcha pas qu'en 1717 on n'établît sur les richesses prétendues de la Louisiane et du Mississipi la prospérité publique de l'empire françois.

Qui ne connoît l'organisation gigantesque de la compagnie d'Occident investie du double monopole du commerce de l'Amérique septentrionale, et de celui des Indes orientales ? Qui ne connoît tous les ressorts qui mirent en mouvement, élevèrent et culbutèrent en 1720, la machine du système ? Combien de François de la génération actuelle ont vu gémir leurs pères des effets de leur crédule cupidité !

La compagnie des Indes en 1731 obtint la rétrocession de son privilège du commerce de la Louisiane. Nos établissemens prospéroient peu alors dans cette colonie dont la tranquillité ne fut établie parfaitement que vers 1736, époque à laquelle les naturels en furent entièrement chassés. Dans son plus grand éclat qui peut être fixé entre la paix de 1748 et la guerre de 1755, cette contrée n'envoyoit pas en France ou dans les isles d'Amérique, pour plus de 2 millions de valeurs en marchandises. Enfin elle fut cédée à l'Espagne par une convention du mois de novembre 1762, et cette puissance en prit définitivement possession au mois de juillet 1769 (1).

Si le commerce de la nation françoise fut presque toujours nul ou onéreux, soit

_______________

(1) Histoire philosophique et politique des établissemens et du commerce des Européens dans les deux Indes, tome VII.

X 2

dans la Guyanne, soit dans le Canada, soit dans la Louisiane, la France dut en quelque sorte son salut, au commencement du siècle, aux relations qu'entretenoient dans la mer du Sud les négocians des villes maritimes de France, particulièrement de St.-Malo.

Notre union avec l'Espagne dans la guerre de la succession de cette monarchie, avoit ouvert aux bâtimens françois, à l'exclusion des autres nations, les côtes du Chili et du Pérou, et tous les ports de la mer du Sud; notre commerce profita de cette facilité pour approvisionner les riches colonies espagnoles de toute sorte de marchandises de France et d'Europe. Il en rapporta des sommes si considérables en piastres, qu'en 1709, époque si fameuse des calamités de la France, les négocians de St.-Malo portèrent aux hôtels des monnoies, afin d'augmenter le numéraire, pour 3o millions de piastres. La paix d'Utrecht en 1713, ayant fermé aux François, comme aux autres nations, la mer du Sud et ses ports, il

fut rendu en France une déclaration au
mois de janvier 1716, qui leur en défendoit le commerce et la navigation (1).

D'après ce développement historique,
on voit sur quelles bases portoit le commerce françois en Amérique, à la fin du
règne de Louis XIV. Celui de la Loui-
sianne et de la Guyanne ou Cayenne,
n'étoit presque rien ; nos relations au
Canada étoient bien peu de chose ; notre
établissement à Ste-Croix avoit été abandonné en 1696 ; St.-Christophe avoit été
cédé aux Anglois en 1713. Il nous restoit
encore la Martinique, et Ste.-Lucie alors
isle neutre, la Guadeloupe et les isles qui
en dépendent, telles que la Désirade, les
Saintes, Marie-Galante, St.-Martin et
St.-Barthelemi. Enfin la France possédoit
St.-Domingue et l'isle de la Tortue, la
Grenade, et même Tabago dont la pos-

_________________

(1) Recherches et considérations sur les finances
de France, depuis 1595 jusqu'à 1721.

Dictionnaire du commerce de Savary, tome 2,
au mot *compagnie ou commerce de la mer du Sud.*

session nous avoit été assurée en 1678 à la paix de Nimègue.

Les importations en France de tous nos établissemens , soit dans le grand Archipel , soit dans la partie septentrionale de l'Amérique, s'élevoient, à la fin du règne de Louis XIV, à 16 millions 700 mille livres (1) ; savoir , 1°. pour 11 millions de sucre et de cacao ; 2°. pour 4 millions 81 mille livres d'indigo et de rocou ; 3 . pour 775 mille livres de coton, cuirs , peaux et pelleteries , et pour environ 200 mille livres de tabacs.

Nos exportations pour nos possessions d'Amérique , montoient à la même époque, à environ 9 millions (2) ; savoir, 1°. pour 4 millions 160 mille livres en marchandises manufacturées, fabriquées et ouvragées ; 2°. pour 19 cens mille liv. en comestibles ; 3°. pour 15 cens 64

---

(1) Pièces justificatives : tableau numéro 2, lettre A.

(2) *Idem.* Tableau, numéro 2, lettre B.

mille livres en vins et eaux-de-vie ; 4°. pour
15 cens 48 mille livres en bois à bâtir,
feuillard , métaux et autres articles de
moindre importance.

Au moment de la révolution , la France
reçoit de ses colonies d'Amérique pour
185 millions de marchandises ( 1 ) ; savoir , 1°. pour 134 millions, seulement en
sucre et café ; 2°. pour 26 millions de
coton ; 3°. pour 11 millions 600 mille
livres en indigo et rocou , drogues propres
à la teinture ; 4°. pour 10 millions en
cacao , gingembre , etc.

Les exportations de France pour nos
isles d'Amérique s'élèvent aujourd'hui
à la somme de 77 millions 900 mille livres ( 2 ), en cinq classes principales ;
1°. pour 42 millions 447 mille livres d'objets manufacturés, fabriqués et ouvragés;
2°. pour 19 millions 611 mille livres de
comestibles en farine , légumes , chairs

_______________

( 1 ) Pièces justificatives : tableau numéro 2 ,
lettre C.

( 2 ) *Idem*. Tableau, numéro 2 , lettre D.

X 4

salées, fromages, etc. 3o. pour 7 millions 285 mille livres de vins et eaux-de-vie ; 4o. pour 6 millions 513 mille livres de bois, merrein, feuillard, métaux, etc. ; enfin pour 2 millions 57 mille livres de marchandises de différente nature et de moindre importance.

Avant de se livrer à aucun rapprochement sur le commerce des deux époques, il faut rappeller qu'au moment de la révolution la France ne possède plus ni le Canada, ni la Louisiane, non plus que l'isle de la Grenade appartenant aux Anglois depuis 1763, ni celle de St.-Barthelemy cédée au roi de Suède en vertu de la convention du mois de juillet 1784.

PAR quelles opérations, pour ainsi dire magiques, la culture de nos isles a-t-elle été portée à un si haut degré depuis 72 ans?

A cette époque ( en 1717 ), dit le philosophe, le politique et l'éloquent Raynal, « un réglement clair et simple fut substitué à cette foule d'arrêts équivoques que des fermiers avides et peu éclairés

avoient arrachés successivement aux besoins, à la foiblesse du gouvernement.
Les marchandises, destinées pour les colonies, furent déchargées de toute imposition. On modéra beaucoup les droits
des denrées d'Amerique qui se consommeroient dans le royaume. Celles qui pourroient passer aux autres nations, devoient
jouir d'une liberté entière à l'entrée et à
la sortie, en payant trois pour cent. Les
taxes mises sur les sucres étrangers devoient être perçues indifféremment partout, sans aucun égard aux franchises
particulières, hors le cas de réexportation
dans les ports de Bayonne et de Marseille (1) ».

A cette influence d'une meilleure législation dans le commerce de France avec
ses isles d'Amérique, il faut réunir la circonstance de la plantation des caféyers
dont la culture fut introduite à la Marti

_____

(1) Histoire philosophique et politique des établissemens et du commerce des Européens dans les deux
Indes, tome VI.

nique en 1726 , et à St.-Domingue vers
1736. Le succès de cette nouvelle culture,
et le goût des Européens pour cette production étant venu à s'étendre , les su-
creries en reçurent de l'accroissement.
Cette considération explique comment
une de ces denrées agissant perpétuellement sur l'autre , a fait faire des
progrès rapides aux produits d'un sol
également propre à la culture du café et
du sucre.

Mais un évènement qui a provoqué
aussi puissamment la prospérité de nos
isles , c'est celui sur lequel nous avons
appuyé dans le résumé du commerce de
la France en Europe. L'état de pacification où ont vécu dans ce siècle les peuples, particulièrement ceux du Nord, com-
parativement à leur agitation pendant le
dix-septième, a favorisé le développement
de leur industrie. Quelques-uns de leurs
chefs, dignes de gouverner, ont augmenté
les moyens de jouissance de ces peuples,
en perfectionnant leur entendement par
de bonnes loix et par d'utiles établisse-

mens. Ces peuples ont donc pu , en augmentant leur fortune, se livrer à un goût
qui devient presqu'un besoin pour les habitans d'un climat glacé. En effet la consommation du café et du sucre des isles
françoises, dont l'entrepôt se fait à Am-
sterdam et à Hambourg, est, ainsi qu'on
l'a vu , considérable dans l'Allemagne,
la Suisse , le Danemarck , la Suède et la
Russie.

Malgré cette tendance naturelle de nos
isles à augmenter progressivement leurs
produits, elles ont éprouvé dans ce siècle
des calamités qui ont retardé leurs progrès
dans certaines espèces de culture. Les ca-
caotiers ont été dévastés à la Martinique
en 1715 ; et ils périrent tous également à
St.-Domingue en 1726. La première de ces
colonies a éprouvé en 1766 un ouragan
furieux qui a ruiné toutes ses plantations,
et l'a fait déchoir de la prospérité où elle
étoit parvenue. La Martinique n'a pu jusqu'à présent se relever de l'état de lan-
gueur où elle est tombée par ce désastre.

Quoi qu'il en soit, nos isles d'Amérique,

considérées en masse, présentent annuellement une progression dans les retours
en France des produits de leur sol. Cette
progression est sensible, depuis la paix,
non - seulement par rapport à la valeur
des denrées dont le prix a augmenté com-
parativement à l'estimation moyenne
avant la dernière guerre, mais encore
quant aux quantités ; en voici la preuve.

Avant la guerre, il arrivoit de nos colonies en France (1).

Café. . . . . . . .   65o mille quintaux.
Sucres de toute
   sorte. 1 million 5oo mille quintaux.
Coton. . . . . . .   40 mille quintaux.

Depuis la paix, il a été débarqué dans
nos ports, année moyenne des trois qui
ont précédé la révolution,

Café. . . . . . . .   734 mille quintaux.
Sucres de toute
   sorte. 1 million   75o mille quintaux.
Coton. . . . . . .   90 mille quintaux.

_______________________________

(1) An. 1777; voyez notes du mémoire de la chambre
du commerce de Guyenne sur le privilège exclusif
accordé à une nouvelle compagnie des Indes, pag. 71.

Cette progression dans la culture de nos isles est donc réelle. Il seroit même étonnant qu'elle n'existât pas, vu le nombre de cultivateurs africains qui chaque année ont peuplé nos colonies. Ce fait seul d'une masse progressive d'importations suffit pour faire disparoître toutes les inquiétudes conçues par les négocians des ports de mer, lors de la promulgation de la loi du 30 août 1784.

On sait qu'elle permettoit aux navires étrangers d'aborder dans certains ports de nos isles pour les approvisionner de certaines marchandises y dénommées, et recevoir en échange les rhum, sirop et taffia, ainsi que des articles arrivés de France. On concluoit de ce réglement, entr'autres points, 1o. un écoulement considérable des denrées coloniales vers les ports étrangers, et conséquemment la diminution de nos ventes directes aux Européens ; 2o. une introduction frauduleuse dans nos isles des marchandises manufacturées chez l'étranger, ce qui resserreroit nos propres débouchés dans ces mêmes colonies. Nous ignorons jusqu'à quel point les abus ont pu avoir lieu , et à quel dégré on s'est écarté de l'exécution littérale de la loi ; mais il importe à la vérité de déclarer qu'aucun de ces inconvéniens n'est sensible dans les tableaux de la balance du commerce, qui présentent annuellement, depuis sa promulgation , et une plus forte importation en France des denrées coloniales , et une progression dans les ventes directes faites de nos ports aux nations européennes , et enfin un semblable débouché ou une même masse d'exportations pour nos isles de l'Amérique , depuis , comme avant la tolérance des étrangers dans certains ports des isles françoises.

Au surplus, les défrichemens qui restent à faire dans nos colonies, le goût marqué et toujours croissant des Européens pour les deux principales denrées qu'on y récolte, l'accroissement de l'industrie des peuples qui par toute l'Europe est dans un état progressif plutôt que rétrograde , peuvent faire juger que ces productions seront encore long-tems pour la France une mine inépuisable de richesses, comme le mouvement dans les transports maritimes demeurera une école perpétuelle pour les matelots françois formant les équipages des 600 navires employés annuellement au commerce de nos possessions dans le grand archipel de l'Amérique,

*Fin du Tome premier.*

**Contraste insuffisant**

**NF Z 43**-120-14

9 782016 119990